Bernd Merkle
So semmer hald

Bernd Merkle

So semmer hald

Heitere schwäbische Kurzgeschichten
und Gedichte

Mit Zeichnungen von Helga Merkle

Silberburg·Verlag

Dieses Buch enthält Auszüge aus dem gleichnamigen Titel, erstmals 1987 erschienen, sowie drei weitere Geschichten aus dem Titel »Drhoim rom«, erstmals erschienen 1989, beide im Verlag Karl Knödler, Reutlingen.

1 · 2 3 4 5   07 06 05 04 03

© 2003 by Silberburg-Verlag Titus Häussermann GmbH,
Schönbuchstraße 48, D-72074 Tübingen.
Alle Rechte vorbehalten.
Umschlag: Helga Merkle.
Druck: Gulde-Druck, Tübingen.
Printed in Germany.
ISBN 3-87407-552-4

Besuchen Sie uns im Internet und entdecken Sie
die Vielfalt unseres Verlagsprogramms:
www.silberburg.de

Inhalt

So semmer hald

Wia mr send,
so semmer,
maischdens,
et emmer.
S gibd Leud,
dia send
schlemmer,
vielleichd,
faschd,
emmer.

A Lausbua

Raude Backa wia zwoi Äpfel,
ond a Schuahwerk voller Dreck,
ond em oina fehld dr Neschdl,
drfür glänzd d ganza Hos wia Schbeck.

Am rechda Knui an allmachds Flerra,
dr oine Strompf hangd uff halb sechs,
vrwurschdlds Hoor, des kommd vom Scherra,
d Hos vorna offa, s machd jo nex.

Ond aus dr Hos, s isch grad a Graus,
– dr Hosasack voll laudr Dreck –
hängd meilaweid a Hemmad raus,
s isch aigendlich jo meh a Fleck.

No hot r schwarze Fengernägel,
ond Händ, mr ko se kaum beschreiba,
ond Aura, wia zwoi allmachds Segel,
a Lausbua derf so sai ond bleiba.

A Rotzglock gibt s als Zuagab drai,
wa widd no mai?

Mai Ehne

I sieh an no, wia wenn s geschdrn gwea,
de Henna dronda Fuadr gea,
oder so em Backhaus gau,
d Brodloib knuschbrig bacha lau.
I sieh an mit saim weißa Bärdle,
bei saim Haus schdau, en saim Gärdle,
wia r d Beedla ebba scharrad,
oder mit am Kätzla barrad.
I sieh an au em Schdälle dronda,
dr Schwanz dr Goiß an Fuaß nabonda,
weil des arge Lombadier,
ehm oina gwischd hot oder schier.
I sieh, wie er beim Melga sitzd,
ond d Milch zu mir no ommeschbritzd.
I sieh an mit ra großa Büdda,
Trauba en sai Fäßle schüdda.
I sieh an manchen Sonndich au,
hendram Küchaherdle schdau,
ond wia rer drotz dem Hochgenuss,
beim Zwiebelschneida blärra muss.
I sieh an, wia r akurad,
sich rausbutzd hot em Sonndigsschdaad.

I sieh an, wia r laudhals lachd,
ond er mit mir sai Schbäßle machd,
hot mir an Moschd ond Luggaleskäs,
ond boides jesasmäßig räs,
vrkaufd als Safd ond süaßa Brei,
mai Gsichd häddsch seah solla drbei.
I sieh an, wie i als sai Enkl,
bei ehm ghockd ben, uff saine Schenkl,
am Bard zupfd han, am Ührle gschbield,
so rondherom mi wohl han gfühld.
I sieh an no sai Zigarr raucha
oder au a Pfeifle schmaucha.
I sieh an mit saim Gläsle Wai
ond ofd au no a Buach drbei,
ganz gmiadlich en saim Sessel sitza.
I sieh an mit saim Gsichd, saim gnitza.
So, ond jetzd am Ende bene,
gell do glodsch,
des war mai Ehne.

D Ahna

Voller Ronzla isch ihr Gsichd,
sauber hot se s Hoorwerk grichd,
so hockd se en dem Lehnschduahl drenna
ond om se rom, do scherrad Henna.
D Brill rutschd faschd von ihrer Nos,
am Bächle dronda schnäddrad d Gos,
ond s Kätzle schnurrad uff am Schoß,
ond s Schdricka, des hot d Ahna los.
Zwoi rechds, zwoi lenks, ois hagla lau,
des Gschäfd, des muaß mr fai vrschdauh.
Se lächeld schdill so vor sich na,
wia des hald bloß a Ahna ka.
Se denkd, wias früher gweasa isch,
als se den jonga Fleadrawisch,
der jetzd als Ehne loind am Zau,
gheiradad hot, o lass me gau.
Schee isch gwea, trotz ällam Gschäfd,
se hörd no, wia dr Hond grad bäffd,
no schlofd se ai, ganz ovrward,
ond s Schdrickzeug fälld ra aus dr Hand.

Dande Klara

Sechzgrfeier. Dande Klara mit ihre Apfelbäckla sitzd vor dr großa Kuachabladd: Äpflkuacha, Kirschakuacha, Zwetschgakuacha, belegdr Kuacha, grührdr Kuacha, Hefazopf, Schwarzwälder Kirschdord, Marmorkuacha, Dräubleskuacha. Also a ganz normala Sechzgerfeierkuachabladd noch Hausfrauaard.

Neba dr Kuachabladd schtohd a Saladschüssel voll Sahne.

Dande Klara hot a Gebiss. Des isch oi Schuahnommer zgroß. Deshalb schwätzd se a bissle vor dr Gosch. Aber des machd faschd nex. Uff jeden Fall schwätzd se noch am fenfda Schdückle Sechzgrfeierkuacha. Et viel. Aber se schwätzd. Mr siehds:»Oh Heimadland, wenn jetzd Buckl Bauch wär, no däde grad no a Schdückle herra.« Ond no hot se ganz vrschämd s sechsde Schdückle naigschoba. Ohne Buckl.

Nomal äbbas von dr Dande Klara

Also wenn se Geburdsdag ghed hot, no war se emmer ganz aus am Häusle. Se hots hald emmer arg sauber han wölla. Deshalb hot dr Bsuach normalerweis emmer en so Filzpantoffla naischlupfa müaßa.

Am Geburdsdag hend dia Schläbbr hald net nausglangd.

So hot mr druff ganga könna, dass am andara Dag Großbutz gwea isch.

Dr Großvaddr, der natürlich au beim Geburdsdag gwea isch, wia überhaubd de ganz Blos – er hot em Haus oberhalb gwohnd ond se schau a ganz Weile beobachdad, wia se d Fenschdr uffgrissa ond mit am Schdaublomba romgwedeld hot – hot na von oba ragschria: »Klara, sag amol, was hosch denn geschdern wieder für Drecksäu aiglada ghed?«

Ond no hot r glachd ond no send dia Fenschdr wieder zuagfahra.

Ond wia se no s Rauchfleisch enddeckd hot, des maine Veddr ond i ens Klo naighengd hend, no war se maischdens achd Dag narrad mit ons Waihdag, mit ons siadiche. Länger et.

A richdiger Schwob

A richdiger Schwob
hot emmer
a Prise Salz en dr Dasch –
em Fall,
dass am dr Durschd ausgohd.

Dr Lutza Karle

»Schualmoischdr sodd mr glei em morgnads uffhenga!« Mit dieser liebenswürdigen Begrüßung wurde ich jedesmal empfangen, wenn ich zum Lutza Karle in die Brenne kam. Auch wenn es unwahrscheinlich klingt: Das war durchaus freundschaftlich gemeint. Ihr hättet halt das verschmitzt lächelnde, meist unrasierte Gesicht dazu sehen sollen. »Grüaß Gott, Herr Ökonomierad«, sagte ich dann, was ein: »Hock de no, Schualmoischdr«, zur Folge hatte. Dr Lutza Karle, also der Karl Lutz aus Zell unterm Aichelberg, war ein Original, das weit über die Gemarkungsgrenzen hinaus bekannt, gefürchtet und bei denen, die er mochte, äußerst beliebt war. – Und das waren schon ein paar!

Ausgenommen war natürlich der vom Landratsamt, der auch Wind davon bekommen hatte, dass dr Lutza Karle einen ganz ausgezeichneten Schnaps brannte. Der stand eines Abends auch in der Brenne und bevor er überhaupt ein »Grüß Gott« oder etwas ähnliches über seine verkniffenen Beamtenlippen bringen konnte, wurde er vom

Lutza Karle »angebellfert«: »Wa widd?« »Aber, wir sind doch gar nicht per du?«, stotterte sichtlich überrascht dieser höhergestellte und andere Umgangsformen gewöhnte Staatsbedienstete.

»Du Mendle, dass fai glei woisch. i sag du zo wem i will! I han scho zu ganz andere Leud du gsaid und dene derfsch du et amol dr Arsch abbudza. Ond wenn du an Schnaps willsch, no fahrsch glei wieder nai end Schdadt ond kaufsch dain Fusel em Konsom. Der duads für dih. Hosch me vrschdanda? Mai Schnaps isch andere Leud gwöhnd. Ond jetzd machsch, dass nauskommsch!«

Er war bei dem kurzen Intermezzo, das maximal zwei Minuten gedauert hatte, nicht aus seinem Sessel aufgestanden. Er hatte nur in aller Seelenruhe aus seim dreckada Schuudz a baar kalde Spätzla rausgfischd, ens Maul naigschoba ond mit ama guad abglagerda Schnaps, der grad aus dr Brenne en an weiß emaillierda Henkeloimer tropfd isch, nagschbiald.

Zur Brenne kommt man, wenn man kurz vor dem »Deutschen Kaiser« rechts abbiegt. Wenn man von oben kommt, muss man kurz nach dem »Deutschen Kaiser« links abbiegen. Dann geht es ein paar Meter eine steinige, meist durch kleine stinkende Rinnsale verdreckte und aufgeweichte Auffahrt hinauf, und man steht vor einer alten »Schuier«, hinter deren großem Scheunentor verschieden große abgedeckte Fässer stehen, gefüllt mit gärender Maische.

Die markanten Aromen, die daraus entweichen, bringen sämtliche Nasenschleimhäute der näheren Umgebung zur schieren Verzweiflung. Wo man auch hinschaut, überall stehen Fässer. Teils nicht ausgespült, teils ausgespült. Daher die Rinnsale.

Und Holz liegt herum, Holz, Holz, nichts als Holz. An den Wänden aufgestapelt, ungeordnet und in großen Haufen – überall kreuz und quer hingeworfen. Man ist also eher geneigt, den unwirtlichen, fast könnte man sagen verwahrlosten Ort wieder zu verlassen, als weiter zur Brenne vorzustoßen. Doch das würde nur einem Fremden passieren, nicht einem Eingeweihten. Man drückt sich dann zwischen einem alten ausrangierten und verrosteten Lanz-Bulldog, der windschiefen Scheunenmauer und etlichen Festmetern Brennholz hindurch. Und dann steht man vor der Brenne.

Als Gebäude kann man sie schon beinahe nicht mehr bezeichnen: Auf dem spitzen Giebeldach hängen die Dachplatten so windschief herum, dass der Blick zum Himmel nahezu ungestört ist und es keine Katze wagen würde, dort oben herumzuturnen. Allerlei Gerümpel befindet sich auf der Tenne, und der Kamin entlässt meist abends seinen weißen Rauch hinaus in die kalte Luft. Das Gemäuer ist schon etwas fadenscheinig. Vom Putz sind nur noch graue Fragmente übrig. Die Sandsteinquader scheinen nur lose aufeinander zu sitzen und werden gerade noch vom morschen Fachwerk daran gehindert, sich vollends aufzulösen. An der Vorderseite lehnt eine alte Mostpresse. Oder lehnt die Brenne an der Presse? So genau weiß man das nicht.

Ja und dann steht man vor einer einstmals grünen Brettertür, deren Farbe sich ganz dem Gemäuer angepaßt hat. Das Grün ist nur noch an manchen Stellen erahnbar.

Hinter dieser Tür, durch deren Ritzen am Abend das Licht hinaus auf den kopfsteingepflasterten Vorplatz fällt, ist dann bodenständiges Schwätzen und Lachen zu vernehmen. Auch hört man ab und zu ernsthafte Diskussionen über die Qualität des eingeschlagenen Obstes, des Schnapses vom Pflügers Eugen nebenan oder von Politikern. Weibliche Wesen verirren sich kaum in diese Räumlichkeiten.

Versucht man dann die Tür aufzumachen, wird man zunächst einmal angeraunzt, bevor man jemanden zu Gesicht bekommt, denn die Brenne ist meistens so gesteckt voll, dass der an der Türe Stehende mehrmals am Abend einen Stoß der abgegriffenen, mit einem Nagel notdürftig befestigten Türklinke auszuhalten hat: »Langsam, Bachl – oder wia da hoisch!« Und dann gelingt es ganz langsam, die Tür einen Spalt weit zu öffnen und hineinzuschlüpfen. Und dann steht man drin in der Brenne und hat schon einen halben Dambas, bevor man auch nur die Lippen mit dem hochprozentigen Obstler, Zwetschgen-, Kirsch- oder gar Mirabellenschnaps benetzt hat. Hitze und Alkoholdämpfe nehmen einem fast die Luft, vor allem dem, der vorher nicht gewusst hat, was ihn erwartet.

Da stehen sie nun rum, die Mannen, mit geröteten Gesichtern, erhitzt von der heftigen Diskussion, von der Glut des Brennofens und von dem eben gebrannten Schnaps: »Au, der isch fai guad. Er dürfd bloß no a bissle älder sai.«

Und dr Lutza Karle sitzt in seinem Sessel und lächelt verschmitzt, wohl wissend, dass sein Schnaps nie alt wird, auch wenn er ihn manchem Städter am nächsten Tag als gut abgelagert verkauft. Das sagt er dann in einem solchen Ernst, dass beim Kunden erst gar keine Zweifel an der Richtigkeit der Aussage aufkommen können – und schon gar nicht nach den ersten schnellen Proben, die schon so manchem zum Verhängnis geworden sind.

Also freigiebig war dr Lutza Karle schon immer und wars des öfteren auch nur deswegen, dass er jemanden fürchterlich »aigsoifd« hat, worüber er sich dann immer königlich amüsierte. Zum Beispiel den alten Sonnenwirt vom Bleaschba (Pliensbach), den se noch dr Schnapsprob uff sain Heuwaga nuffglegd hend, em Gaul mit dr flacha Hand uffs Fiedla batschd hend, ond der no mit saim Herrle ond dem saim Surrias hoimdappd isch. Da Gaul hot mr ja et führa müssa, der hot sain Schdall alloi gfonda, er hot jo au koin Schnaps kriagd. Drhoim isch er no von dr Sonnawirde empfanga worda. Aber frog et wia: »Ja du Saukerle, du vrsoffaner! Ja, was glaubsch denn. Wenn du moinsch, du dürfschd rai, no deischd de. I lass mr doch et äll Dorschdich s Klo vrsoicha!«

Und so blieb der alte Sonnenwirt auf seinem Wagen liegen, bis er seinen Rausch ausgeschlafen hatte und ohne fremde Hilfe in den Stall zum Melken gehen konnte.

Aber wieder zurück in die Brenne. Um den Lutza Karle, der in seinem Sessel, der vor der Sperrmüllabfuhr gerettet worden war, neben dem Brennofen sitzt, stehen dr Österles Wilhelm, dr Geigers Ernscht, dr Molla Guschtav, dr Hoylers Karl ond noch ein paar Stammgäste. In dem einen Eck der Brenne liegt ein großer Stoß Brennholz, im anderen Eck steht ein altes Holzfass mit Maische.

Man lehnt an der Wand, am wackligen Tischchen beim winzigen, verstaubten Fenster oder man hockt auf einem Scheit Brennholz. Alle haben ein Gläschen in der Hand, und alle hören dem Lutza Karle zu, der immer wieder ein Scheit nachlegt, mit einem Haken in der Glut herumstochert oder sein Gläschen in den weißen Emailleeimer eintaucht, um die Qualität des hineinträufelnden Schnapses zu überprüfen.

Und der Lutza Karle erzählt von vergangenen Zeiten, als er noch als Schäfer durchs Land zog und so manchem ahnungslosen Bauern ein Schnippchen geschlagen hat. Dann leuchten seine gnitzen Augen lausbubenhaft auf, und er ist dann wieder so richtig dabei, wie damals, als er den neu ankommenden Lehrer beobachtete, dem ausgerechnet vor den Augen des Lutza Karle ein Rad

von seinem Leiterwagen in die Brüche ging. Scha-
denfroh lachend und an seiner Schippe lehnend
rief dr Lutza Karle hinüber: »Hot a Schual-
moischdr au scho amol ebbas reachds ghed?«

So verrinnt die Zeit in der Brenne. Die Stunden
fliegen unbemerkt dahin, und erst sehr spät in der
Nacht sieht man ein paar nicht mehr ganz sicher
auf den Beinen stehende Brennebesucher langsam
die steinige Auffahrt wieder herunterkommen.

Dr Lutza Karle aber gohd no gschwend en sain
Schdall neba dr Brenne ond duad seine Ochsa mel-
ka. Ond drbei schlofd er no maischdens drneba
em Stroh ai. Seine Ochsa send des scho gwöhnd.

Frühleng

Dr Schnee laufd langsam s Bergle nuff,
am Wäldle drauß wird s lichd,
dr Schneemo gibd sain Gaischd jetzt uff,
sai Blechkapp rutschd ens Gsichd.

S Eis von dr Hülba schmilzd jetzt weg,
d Sonn guckd sich a em Seele,
ond uff dr Schdroß siehsch wiedr Dreck,
uff am Bänkle hockd dr Ehle.

D Ahna ziagd dr Schaffschuudz a,
uff ihre letschde Wöchla,
obwohl se schiergar nemme ka,
em Garda muaß se rechla.

D Wies ziagd grüne Hosa a,
ond knoschba duads an älle End,
dr Bauer schdelld a Loidr na,
ond weißlad seine Wänd.

Am Bienaschdand wird s Fliaga güabd,
s gohd no a bissle schdärch,
dr Gockel saud em Höfle rom,
er isch ganz überzwerch.

Ond überall wird butzd ond gmachd,
wird gwäscha, grohmd, bolierd,
ond s wird au gschäddrad, gsonga, glachd,
dr Lenz isch aimarschierd.

Sommr

Onderm alda Bierabaum
leid a Kuah em Schadda,
ond em Karl sai Hennahond
flakd uff de Bodabladda.

D Spatza, sonschd a gfräßigs Volk,
hend sich au vrzoga,
ond om jedas Gschäfd rom machd mr
heid an großa Boga.

Miad hangad Bohna an de Schdecka,
älls isch schdaubig, nex isch frisch,
s isch a Hitz, grad zom Vrrecka,
so isch es hald, wenns Sommr isch.

Herbschd

Neabl hangad über d Wiesa,
kahle Obschdbäum hebad se,
au dr Nachdfroschd läßd schee griaßa,
ond dia Dahlia send he.

D Felder dampfad en dr Früah,
graue Schwada schdeigad nuff,
ompfliagd hot mr mit viel Müah,
ond jetzd tröpfelds leise druff.

Uff am Birnbom hockd a Kräha,
duckd sich ond frierd vor sich no,
mr ko vor Grau faschd nex mai seah,
a leera Bohnaschdang schdohd do.

Vrlora hockd a driaba Pfütza
em Hufabdruck vom Ackergaul,
leer hangad rom Tomadaschdütza,
ond älls vrgohd, ond älls wird faul.

Dr Wend blosd helenga ond kald
dr Flecka nuff, dr Flecka na,
ond henda dromma, dord em Wald,
schüddeld r d letschde Bläddr ra.

Wendr

Hend em Höfle hangd a alda
Dachrenn mit viel Löchr drenn,
se ko s Wasser nemme halda,
se triald hald na en d Güllarenn.

Dord vrmischd sichs mit am Soich
ond laufd na als hellbrauns Bächle,
– schdenkd, do wird drs wendelwoich –
nai ens Höfle, schlag me s Blechle.

Ond em Höfle gibd s a Seele,
ond des Seele, des gfriard na,
mit dr Äsche kommd dr Ehle,
ond scho send au d Kendr do.

Dr Ehle schdraid ond d Kendr schleifad
d Äsche weg, sobald er ford,
d Ahna raus zom Fenschdr keifad,
ond so gibt sich Word om Word.

So isch es hald, em Dorf, em Wendr,
de Alde keifad, ond des freid d Kendr.

Heiliger Obend

S isch scho arg lang her. S war ama saumäßig kalda Heiliga Obend, i glaub ana achdavierzig. I war no a ganz klois Büable. I ben mit hochrode Bäckla, so aufgregd war i, em kalda Hausgang auf ond ab gloffa. Mr hot me wohl ghörd, mit meine Däpperla uff dene gschprenglada Schdoipladda. Aber koiner hot dui Tür uffgmachd, wo e gern naiguckd hädd. Bloß oimol, a ganz klois bissle. Nex wars. Et amol durchs Schlüsselloch hane schbickla könna. Des hend se mit ama brauna Packpapier von enna vrbebbd, damid e au gwieß nex sieh. »Du bleibsch fai drussa, s Chrischtkendle war no net do. Ond wenn da et ruhig bisch, kommds vielleichd au gar et«, hot mai Vaddr hender dr Tür rausgschempfd. Des hot gwirkd.

No ben e hald nai zo maira Muadr en d Küche. Do hots vielleichd dampfd. Se hot am Gasherd romhandierd, ab ond zua d Backröhr uffgmachd, mit ama Schöpflöffel Salzwasser über d Gos en dr Goskachel gossa, damid se au schee braun ond knuschbrig wird, ond sich d Schdirn abgwischd, so hot se schwitza miaßa – d Muadr. Aigendlich han e ja bloß a bissle zuagucka wölla. Aber mai Göschle isch gloffa wia gschmierd: »Moisch, s Chrischdkendle hot main Wunschzeddel kriagd?«

»Freile, Bua.«

»Moisch, s ka leasa, was ällas druff schdohd?«

»Freile, Bua.«

»Moisch, des ka s au ällas draga?«

»Freile, Bua.«

»Moisch, dass s Chrischdkendle schau do war?«

»Noi, ond jetzd gosch naus ond lasch mr mai Ruah, sonsch wird dui Gos nia ferdig.«

Also mir war des en dem Momend ganz egal. I han koin Honger ghed, au wenns no so guad dufdad hot. I han an richdiga Kloß em Hals ghed. Na han e me uff d Schdiag naghockd. Ond wia e so hock, kommd mai Onkel, der uff Bsuach do war ond hot gsaid: »Komm, Bua, mr gangad no a bissle naus, bis Chrischdkendle kommd. Vielleichd seah mrs au.«

No hot er me en main Mandel aipackd, mir mai Schildkapp uffgsetzd, d Fäuschdleng ado ond me en d Schdiefl naigschdelld.

No semmer mitanander naus ond s Gardawegle nadappd. Ond kald wars. Dr Schnee hot knirschd, irgendwo hend Kirchaglocka gläudad ond dr Mond hot gschiena. Sai Lichd hot sich en dene Schneekrischdall uff de Bäum brocha, ond mir isch ganz andersch gwea. Uff oimol hot er ghalda, nomm zom kloina Wäldle zoigd ond gflüschdarad: »Guck do nomm, do hockds.« Ond i han guckd. Von Wipfel zo Wipfel han e guckd. Ond no, no han es au gseah. S Chrischdkendle.

S isch uff ama kloina Tannabäumle ghockd ond hot a langs Hemmadle aghed, mit goldene Schdroifa. Ond ganz lange blonde Hoor hots ghed ond barfüaßig wars au, trotz der Saukälde.

Ond en dem Momend hot Muadr gruafa: »Rai-komma, s Chrischdkendle war do!«

I han me also doch et däuschd ghed. Wahrschain-lich hot sichs gschwend vom Schloifa von dene viele Päckla uff dem Bäumle ausgruahd. Ond i ben nai-gsaud ens Haus, han nemme ans Chrischdkendle denkd, sondern bloß no an dia Päckla onderm Chrischdbaum. Ond no war d Bescherung, ond mr hot gsonga, Schdille Nachd, Heilige Nachd, ond mr hot Weihnachdsgos gessa. Ond erschd schbäter, wia ne na so em Beddle gleaga ben ond dr Mond nomal zom Godnachdsaga zu mir raiguckd hot, isch mr die Begegnung mit am Chrischdkendle wieder aigfalla.

Seidher send viele Heilige Obend vrganga, aber s Chrischdkendle han e nemme gseah. Aber isch des et schee, wenn mrs wenigschdens oimol gseah hot? Mr ka a ganz Leaba lang drvo zehra.

Maulfaul

Je älter ein Schwabe wird, desto maulfauler wird er. Kommt ein junger, frisch verheirateter Schwabe abends von der Arbeit nach Hause, dann überschüttet er die frisch gebackene Ehehälfte ob ihrer Kochkünste mit lauter Liebenswürdigkeiten:

»Ja, sag amol, Schätzle, du lombigs, goldigs Sauschdalldürle, ja was hosch denn heid wieder Guads kochd? Ha, des riachd mr jo bis uff d Gass na. I wonder me älls, dass dronda et scho d Leid zammaschdandad ond mit vrheulde Auga zu onserm Küchefenschdr nuffguckad. Mir laufd s Wasser em Maul zamma, dass e s schier et vrschlucka ka. Ond wia des dufdad!«

Dabei spielt es absolut keine Rolle, dass der »Ofaschlupfr« oben leicht schwarzbraun geworden ist und eher einem Brikett gleicht, als dieser über die Grenzen des Schwabenlandes hinaus bekannten Köstlichkeit. Da spielt es auch keine Rolle, dass er »saumäßig« bitter schmeckt oder gar die Äpfel, die unbedingt mit hinein gehören, vergessen worden sind.

Einige Jahre später, wenn dann auch schon Kinder am Tisch sitzen, ist der Kommentar zu diesem Essen weit weniger enthusiastisch, und auch die Länge des Kommentars ist nicht mehr vergleichbar mit der zu Anfang der Ehe: »So ... – Ofaschlupfr.« (längere Pause)

Zum Buben gewandt: »Kerle iss! – I iss jo au.« (wieder längere Pause)

Im Ofenschlupfer herumstochernd fragt er ohne aufzublicken seine angetraute bessere Hälfte sehr mürrisch: »Gibds wenigschdens äbbas Gscheids zom Veschbara?«

Der absolute Höhepunkt der Maulfaulheit wird dann im reiferen Alter erreicht. Da heißt es dann nur noch, wenn dieses »siaße Glomb« auf dem Tisch steht: »I gang en Ochsa!«

Ein weiteres Beispiel: Maulfaul II

Der ehemalige Präsident des württembergischen Handballverbandes, August Schwarz, war zu einer Versammlung der Handballverbände des gesamten Bundesgebietes eingeladen worden. Es war eine sehr lebhafte Diskussion im Gange, an der sich die Kollegen der anderen Landesverbände eifrig beteiligten. Nur der Vertreter des württembergischen Landesverbandes hatte anscheinend nichts zu sagen. Darauf angesprochen, ob er denn überhaupt nichts zur Diskussion beizutragen habe, antwortete August Schwarz ganz verschmitzt und vielsagend: »So lang ihr schwätzad, denk i.«

Dr »dätsch mr« ond dr »sodd mr«

Zwischen »sodd mr« und »dätsch mr« besteht ein feiner, aber trotzdem nicht unwesentlicher Unterschied, den eigentlich nur ein »gelernter«, besonders aber ein verheirateter Schwabe wohl zu erkennen vermag.

Im Laufe der Ehejahre bewegen sich viele schwäbische Eheleute vom liebenswürdigen »dätsch mr«, wobei ein nachfolgendes »Schätzle« durchaus am Platze sein kann, zur indirekten, aber doch unmissverständlichen Aufforderung des »sodd mr«, wobei ein unüberhörbarer Vorwurf im Sinne des längst »Getan-Haben-Müssens« darin enthalten ist. Angefügte Liebenswürdigkeiten wie beim »dätsch mr« das »Schätzle«, sind hier absolut fehl am Platze.

Ein maulfauler Schwabe sagt zom »sodd mr« weiter gar nichts dazu; das zeichnet den richtigen Schwaben eigentlich aus. Sollte er aber seinen redseligen Tag haben, fügt er noch Alter, Alte, Kerle, Sembl oder Ähnliches zur Verstärkung dieser indirekten Aufforderung hinzu.

»Sodd mr« und »dätsch mr« sind noch nicht vollzogene Tätigkeiten. Sprachwissenschaftlich würde das bedeuten, dass man diese so wichtigen, da absolut schwäbischen Wörter, in die Gattung der Tätigkeitswörter, was nur scheinbar ein Widerspruch ist, einzuordnen hat. Der Beweis wird durch die Personalform erbracht, die ein Verb, ein Tätigkeitswort als solches klassifiziert.

Diese Personalformen weichen nur geringfügig von der nichtschwäbischen Hochsprache ab:

i dät	i sodd
du dätsch mr	du soddsch mr
er dät mr	er sodd mr
sui dät mr	sui sodd mr
dui dät mr au	dui sodd mr au / au no
dia dätat mr	dia soddat mr

Dätsch mr

Dätsch mr et main Buckl scherra?
Dätsch mr et a Küssle gea?
Dätsch mr et, i hörs grad plärra,
noch onserm kloina Büable seah?
Dätsch mr et zom Bäcka ganga?
Dätsch et gschwend en d Küche naus?
Dätsch mr et mai Zeidong langa?
Dätsch me drucka, kloina Maus?
Dätsch mr et mai Gsichd aischmiera?
Dätsch mr et maine Schlappa holla?
Dätsch me et a weng vrfüahra?
Aber gern, i hädd s grad wolla!

Sodd mr (verstärkend: mr sodd)

Sodd mr et dia Beer heud schneida?
Sodd mr et en Garda gau?
Sodd mr sellan Ofuag leida?
Sodd mr des et ganga lau?
Sodd mr et dia Socka schdopfa?
Sodd mr et ans Schaffa denga?
Sodd mr et dia Bäum heud pfropfa?
Sodd mr et no d Wäsch uffhenga?
Mr sodd jo grad den Allmachtsweihdamm
am Kraga nemma, sellan Bodd,
ond wenn den »sodd mr« gseah hosch,
saisch am, i briechd an dringend, weil, er sodd!

Goldene Hochzich

Nebanander hockad se,
nai en Kaffee brockad se,
an Hefezopf, dia zwoi.
Boide hend a Feschdgwand a,
sauber grichd send Weib ond Ma,
wohl ischs an gwieß et, noi.

Ond om se rom an Haufa Leud,
was des au für an Trubl geid,
vom Schuldas bis zur Pfärre.
Ond gessa wird, tronga für sechs,
heud gilds fai, ond heud koschds jo nex,
des Schdückle no, des herre.

Em Bräudigam, dem druckd sai Schuah,
ihr Hüfdgürdl gibd au koi Ruah,
se leidad boide, gwieß.
A Goldena isch schee ond reachd,
ond jeder gratuliera mechd,
s isch hald a allmachds Gschieß.

Se griablad schdill so vor sich na,
sui als sai Weib, er als ihr Ma,
send ois sich, enna drenna.
Viel falsch hosch gmachd,
doch ois stemmd, bachd,
häddsch ärger Pech han kenna.

Gebrauchsaweisong
zom Vierdelesschlotza

Zersch nemmsch amol dai Glas en d Hand,
ond hebsch es gegas Lichd.
No sechd dir au scho dai Vrschdand:
Wenn r triab isch, drenk en nichd.
Dr Wai muaß fonkla, schdrahla, blitza,
muaß leuchda, wia a Edelschdoi,
dr Weißwai, der ka außa schwitza,
dr Rode et, sonsch sechsch glei: Noi.
Na fürsch dai Vierdale zom Zenga,
ond hebsch dain Globa reachd weid nai,
a mancha Vorfreud wird dr wenga,
ziagsch den Dufd durch d Nosa ai.
So, ond jetzd erschd derfsch mol sürpfla,
et glei saufa wia a Gaul,
er muaß dr über d Zong nomhürpfla,
er muaß romkomma em Maul.
Ond jetzd erschd derfsch a Schlückle schlucka,
bloß a klois, ond jo et mai,
isch r räs, kosch außeschbucka,
schdemmd dr, kehrd r en de nai.

So, ond jetzd, wenn ällas schdemmd,
d Farb, dr Dufd ond au dr Gschmack,
mach d Hosa uff, wenn se de klemmd,
ond isch dr s warm, dua ra dr Frack.
Nex derf de me beim Schlotza schdöra,
dir muaß rondrom ganz wohlig sai,
ond no wirsch du au reachd bald höra,
jetzd guck den a, der kennd dr Wai.

Mauldascha

Vor Karfreidich, moind mr gau,
kennd dr Metzgr s schaffa lau.
Doch mai Fraind, dr Metzgers Paul,
said: »Do schaff i wia a Gaul.
Do isch mai Lada grammeld voll,
i woiß kaum, wia es herra soll.
Hackfleisch, Bräd ond Suppaknocha,
wird aikaufd wia für fenf sechs Wocha,
ond ab ond zua a Überzwerchs,
ond isch des au a no so schdärchs.«
»Worom des ällas?«, will i wissa.
»Am Freidich wird dr Herrgodd bschissa.
Drzua no brauchsch grad oms Vrrecka,
a Doigle zom des Glomb vrschdecka.
Do holsch dr sell beim Kirchabeck,
so anderdhalb Pfond Nudelfleck.
No brauchsch du au an alda Wecka,
Spinad ond Peterleng zom Schdrecka,
a Muschkerdnuss muasch au no reiba,
Oier, Salz ond Zwiebelscheiba,
ond des vrmischeschd en ra Kachl,
vrschüdd mr nex, bass uff du Bachl.

No nemmsch den grea-grau Bolla weg
ond schdreichsch an uff dain Nudelfleck.
Doch bloß uff d Hälfde, muaß e saga,
de ander Hälfd muasch drüberschlaga,
dass von dem Floischdoig nex mai siehsch,
mit sellam koine Hendl kriegsch.
Jetzd schneideschd Rechdeck, sei et faul,
d Größe richd sich noch am Maul.
Inzwischa hosch a Floischbrüah gmachd,
guad abgschmeckd, dass dr Gauma lachd.
Ond sodd dai Supp für d Gäschd gar sai,
duasch no a weng a Wasser nai.
Vorsichtig gibsch d Mauldascha zua,
dr Deckel druff, a Weile Ruah,
ond bei der Sach soddsch jo et hudla,
denn d Brüah, dui derf uff koin Fall schdrudla.
Als Krönung von dem ganza Essa
derfsch gschmälzde Zwiebel et vrgessa
ond au an Schniddlauch oba druff,
ond jetzd bisch ferdich, jetzd hörsch uff.
Des Essa, des suachd sainesgleicha:
grea-grau gfüllde Wasserleicha
en ra fadaschainiga Brüah,
des soll a Floischschbeis sai? Noi, nia!

Geburdsdagsgäschd

Siebzga, said r
sei r heuer.
Des wurd deuer.
D Vrwandtschafd
kommd au.
Laß me gau!
Siebzga, said r
sei r.
Guck an a
em Feschdagshäs.
Sauber grichd
isch Dödesbäs.
Siebzga, said r,
sei r.
Koine Falda, Alda.
S kommd vom Schnapsa
en dr Brenne.
Des kenn e.
Guckd bloß zua.
Hod sei Ruah.
Nex zom dua.

Siebzga, said r
sei r.
Wenn dr Schnaps
z denn auserennd,
wird des Glomb
hald nomal brennd.
Siebzga, said r
sei r.
Hot jo Zeid,
heid, morga.
Koine Sorga.
Siebzga, said r,
sei r.
Koine Falda,
et wia du, Alda.
Siebzga, said r
sei r.
Proschd,
Geburdsdagskend!
Au cia,
dia Falda hend.

Au a Droschd

Geburdsdag. Drubel. S wird ghockd, dronga, gessa ond gschwätzd. Älles uff oimol. Älle. Bsonders manche. Aber dia kennd mr. Von de andere Geburdsdäg.

Dia, dia zuahörad, dia hörad et zua, weil se zuahöra wöllad, dia hörad bloß zua, weil se s Maul voll hend. Mit Kuacha.

Uff oimol said oina so scheißfreundlich über dr Disch zur Schwägere nomm, dass de andere gschwend ganz schdill send: »Du, dai Kloiner, also noi, der isch dir grad wia aus am Gsichd gschnidda.«

Ond grad no en dia Paus nai, said derra ihr Schwoger, der sonschd nex schwätzd: »Bei ma Bua isch des et so schlemm.«

Lausbuabaschdroich

I ben nia a Lausbua gwea,
i war emmer brav ond schdäd,
i han nia an Briegl gseah,
i war liab von früh bis schbäd.

I han bloß amol em Garda
von maim Nochbr Rüaba glaud,
i han bloß dia frisch agschdrichna
Wand mit Zwetschgagsälz vrsaud.

I han bloß mol seah wölla,
was em Audoroifa isch,
i han bloß mit Laim vom Ehne
Dischdeck nobabbd an dr Disch.

I han bloß des Schlüsselloch
vom Klosett mit Gips zuagschmierd,
i han bloß den selbergmachda
Schnaps vom Vaddr mol brobierd.

I han bloß dia Wassergucka
von oba abeplotza lau,
i han bloß dia Henna drenkd
mit Moschd, ond no dia Göckel au.

I han bloß dr Babigei
von dr Oma fliaga lau,
i han bloß en Dödes Schlappschuah
a baar Nägel einedau.

I han bloß des wachswoich Oi
ens Bett naiglegd von maira Bas,
i han bloß mit ra Schapf Gülla
gfülld dia allmachds Bodavas.

I han bloß an Schdomba grauchd
ond der hot me fürchdig gschlauchd.
I han bloß ens Fischbasee
Rollmöbs naido, des war schee.

Mensch, dia Lehrer warad baff.
Aber sonschd, sonschd war i brav.

Schuldasalldag

Seid Johr ond Dag em gleicha Flecka,
au et emmer Honigschlecka,
au et emmer s rainschd Vrgnüaga,
manchan Mischd zom Gradnobiaga,
Baugesuche, Grondschdück kaufa,
von Pontius zu Pilatus laufa,
Schdroßa baua, d Schdroß aufreißa,
om en Schada zu beweisa,
wieder graba, Kanalisatio,
ällas mauld – des hosch drvo.
Hädd mr s glau, wär s Wasser offa
durchs Fenschdr en dr Keller gloffa,
hädd dr Moschd ond Schnaps vrdennd
ond wär wieder ausegrennd.
D Gmoind wird größer, d Kendr mai,
se passad et ens Schüale nai.
[A neia baud – scho wieder z klai.]
Ond drzua an Schdall voll Lehrer,
des Schuldasamd wird emmer schwerer.
Dr oi, der sodd a Schdückle hau,
s Rodhaus sodd mr schdreicha lau.

Auf, d Krawad! Er hot a Drauung,
ond noch sellara Erbauong
schnell en d Schdadt zom Landrad nai,
der wird wieder fuchdig sai.
S gohd om dia Bebauongsplä,
dr Schuldas isch scho halba he.
Zrück zom Rodhaus, Sprechschdond heud,
bis uff d Stroß na schdandad d Leud,
jeder mauld, will ebbas hau,
dr Schuldas dengd: Ond du m: au!
Fabrika kommad, Geld laufd ai,
was do drmid? Jo heidanai,
jetzd baud er a Gemeindehall,
a Allmachdsdeng, uff jeden Fall.
No hot er d Hall, ond s Geld isch weg,
ond d Schulda do, jetzd hosch dr Dreck.
Bundes- Landdags- Gmoinradswahla,
Sitzonga – des send scho Quala.
Dr »sodd mr« schdohd en saim Kalender,
em Frühjohr, Sommer, Herbschd ond Wendr.
Jetzd sodd mr schnell no d Schdroßa richda,
d Flur berainiga, Hendel schlichda,
Haldeschdella, Becka baua,
ab ond zua noch Schduagrd saua,
Gemaindehäuser renoviera,
an ra Feschdred rombrobiera,

mit am Gmoindrad rom sich schdreida,
Vrbandsversammlong vorberaida,
Haushald uffschdella, middla drenna,
des ohne Geld, ha, des muasch kenna.
So gohds om jedes Härle Hoor,
dagaus, dagai ond Johr om Johr.

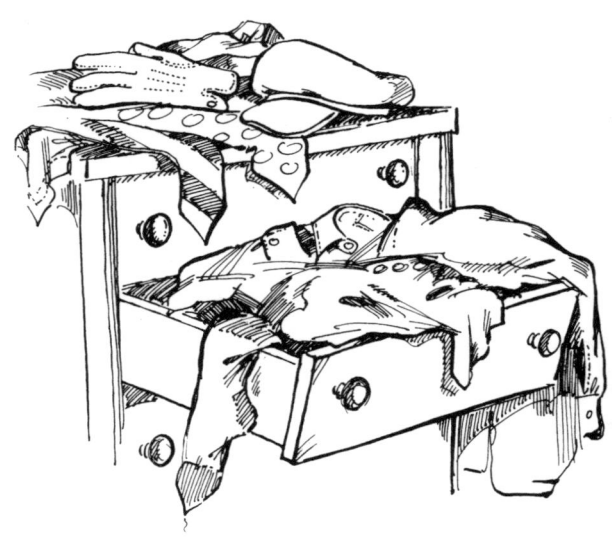

Saulada

Sui: »Sag amol, was schdiersch denn em Kloider-
schrank rom?«

Er: »I suach ebbas.«

Sui: »Seid wann suachsch du ebbas em Kloider-
schrank?«

Er: »Seid heud.«

Sui: »Bass doch uff, du vrwerglsch jo de ganz
Wäsch. I han doch erschd uffgraimd!«

Er: »Des sieh e.«

Sui: »Was soll des hoißa?«

Er: »Dass mr nex mai fendad.«

Sui: »I han mai Sach emmer sauber uffgraimd. Oin
Handgriff ond i han des, was e brauch.«

Er: »Aber i et! Wahrschainlich hosch bloß dai
Glomb uffgraimd.«

Sui: »Siehsch, jetzd saisch selber, dass i bloß a
Glomb han. Aber wenn i amol sag, dass e a
nuis Gwand brauch, no saisch emmer, i hädd
Zeugs gnuag ond außerdem sei des zeidlos, mr
kennds emmer no agucka. Gell, jetzd saisch
nex me!?«

Er: »Noi, i suach ebbas.«

Sui: »Was suachsch denn?«

Er: »Mai Hemmad.«

Sui: »D Hemmadr liegad doch et bei de Pullover,
dia hengad doch drneba dra uff am Biegl –
Bachl.«

Er: »Aber des et.«

Sui: »Was für ois?«

Er: »Mai gelb-blaus.«

Sui: »Du hosch doch gar koi gelb-blaus Hemmad.«

Er: »Doch.«

Sui: »Noi.«

Er: »Doch, mai blaus Molerhemmad, des i emmer
zom Schdreicha aziag, mit dene gelbe Schbrit-
zer druff, die du hosch rausmacha wölla. Mai
Huad fehld au.

Sui: »I han weder dai Hemmad noch dai Kabb.«

Er: »Huad.«

Sui: »War des des Hemmad, wo de ondere drei
Knöpf gfehld hend?«

Er: »Ko sai. An älle maine Hemmadr fehlad
Knöpf.«

Sui: »Du duasch jo grad, wia wenn i de gröschd
Schlamb wär.«

Er: »De gröschd hosch du gsaid.«

Sui: »Guck doch amol bei dr Nähmaschee, do liegd
no a Häufle Flickwäsch.«

Er: »Socka, Blusa, Hosa, Hüfdgürdl. Nachd-
hemmd, Onderhos – der Schlitz vorna ghörd
fai nai, den brauchsch et zuanäha.

Sui: »Dibbl.«

Er: »Rock, Handdüachr – ja, jetzd guck amol, was
e do hau. Woisch, was des isch?«

Sui: »Des han i et do hendere gschdocha.«

Er: »Jetzd guck amol wie des aussiehd! Jetzd isch
des Hemmad et bloß dreckad, jetzd siehds au
no aus wia a Blisseeblüsle.«

Sui: »Du bisch au eidler als schee.«

Er: »Ond wenn i jetzd no main Huad kriag, no ka
e endlich gau.«

Sui: »Do muasch dain Jonga froga.«

Er: »Wieso? Wia kommd der zu maim Huad?«

Sui: »Den wird r wahrscheinlich au uff dem Haufa
gfonda hau. Er hot so an großa Schbaß dro
ghed, dass er en gar nemme hot hergebba wöl-
la. Er briechd an hald bloß no zom Vrklaida am
Kendergeburdsdag. Hot r gsaid.«

Er: »Saubr! Am Vaddr sain Schaffhuad zom
Vrklaida nemma.«

Sui: »Aber des vrschdohd doch des kloi Buale no
gar net.«

Er: »I aber au et! Wia wenn der Grambas et gnuag
Zuigs zom Schbiela het! Noi, main Huad

muaß r au no hau! Saulada, granadamäßiger!!«

Sui: »Komm, reg de net uff. Den fend e schau no.«
(Nach längerem Suchen)

Sui: »I han an.«

Er: »Wo war r?«

Sui: »Hendr saim Nachddischle. Do hot r mit dem Käbble ...«

Er: »Huad.«

Sui: »... mit dem Huad a Garäschle für sai Audole baud. Der wird schee blärra, wenn am des jetzd he mach.«

Er: »Ond wenn i jetzd et glei main Huad kriag, no fang i au no s Blärra a, aber frog et wia!«

Sui: »Jetzd ward doch. I ka doch et ällas uff oimol. Kaugommi von daim Huad weggruabla ond ...«

Er: »Was, Kaugommi am Huad!?«

Sui: »Noi – em.«

Er: »Was, em?«

Sui: »Em Huad.«

Er: »Au no dees.«

Sui: »Beruhig de, i han s glei. – Do hosch dai Kabb.«

Er: »Huad.«

Sui: »So, jetzd.«

Er: »Was jetzd?«

Sui: »Schaff!«

Er: »I?«

Sui: »Siehsch du do henna nomal oir?«

Er: »Han i äbbas vom Schaffa gschwätzd?«

Sui: »Sag amol, i glaub du bisch et ganz bacha.
Z erschd brengsch dr ganz Haushald ...«

Er: »Sauschdall.«

Sui: »... lass mr mai Ruah – dr ganz Haushald
durchanander, bis dai Glomb endlich hosch
ond no willsch nex mai do!«

Er: »Doch.«

Sui: »Jo, was no?«

Er: »Ganga.«

Sui: »Wo na?«

Er: »En Hirsch.«

Sui: »Zo was brauchsch no des dreckade Hemmad
ond dai Speckkabb?«

Er: »Huad.«

Sui: »Worom, will e wissa!?«

Er: »Jo glaubsch du vielleichd, i gang en maim Bü-
roaziagle zom Schdammdisch? Jo moinsch du
vielleichd, i hör mr des dackelhafde Gschwätz
von wega Beamde ond so a? Noi, noi. Des
merksch dr. Erschd wenn da a schaffigs Hem-
mad a hosch, kosch de bei dene Brüadr seah
lau. Schaffa isch Neabasach. Ade.«

D Alb geschdern	D Alb heud
Schdoiäcker	Schdoiäcker
Garba	Mähdrescher
Staubsträßla	Betonwege
Wiesa	Wiesa
Eisabähle	Schnellzugtrasse
Obschdbäum	Obschdbäum
Wäldla	Wäldla
Höhla	Freizeitparks
Küah	Küah
Schleifaze	Skilifte
Schofherda	a Schof
Ackergäul	Reitpferde
Baura	Agraringenieure
Höfla	Aussiedlerhöfe
Wacholderbüsch	a baar Wacholderbüsch
Kuahneschdr	staatlich anerkannte Kurorte
Wirtschäfdla	Ausflugslokale
Hülba	Wasserleitung
koine Fremde	viel Fremde
kaum Stuagrdr	an haufa Stuagrdr

Schnoga

Warm ond schwüal isch draußa heud,
i glaub, dass des a Gwiddr geid.
Em Zemmer isch a Lufd zom Schneida,
i ka me selber nemme leida.
Miad be i au, scho halber he,
i schdrack jetzd no – oh isch des schee.
Auf d Schlofseid drehd, an ledschda Furz,
d Auga zua, d Nachd isch kurz.

Dongl isch, s isch au a Ruah,
irgendwo surrds ab ond zua,
schdörd et weider, s isch weid weg –
jo Pfeifadeckel, Hennadreck!
Genau oms Ohr rom, i woiß gwieß,
o Heimadland, isch des a Gschieß!

S Lichd agnipsd, s Kopfkisse gnomma,
ward, des Luadr, des vrkomma!
Doch siehd mr nex, s isch au a Ruah,
lieg wieder no, mach d Auga zua.
Wahrscheinlich isch se vorhin naus,
i dreh me rom, machs Lichd glei aus.

Wia uff Kommando schieaßd des Ziefer
aus saim Vrschdeck, sitzd uff main Kiefer,
i denk: Bachd Bürschle, gib bloß achd,
s Lichd bleibd jetzd aus – ond no hot s krachd.
I han mr ois an d Gosch nogschlaga,
mit aller Gwald, i ko dr s saga,
hans Lichd ogmachd zur Leichbeschau,
doch d Leich fliagd weg – oh lass me gau.

I hendadrai em Nachdgwand,
a Wuad em Bauch, a Kisse en dr Hand.
I will grad nuff an d Decke langa,
do bleib i mit am Zaia hanga,
am Kabel von dr Nachddischlamb,
ond älles wega derra Schlamb.
Schdockdongl war s en dem Momend,
i be glei gega d Bettlad grennd,
ond han mir dord no s Knui uffgschlaga,
des war halt zviel für Leib ond Maga.

Naus aus am Zemmer, nomm zom Schrank,
d Schnapsflasch isch voll no, gottseidank.
Auf am Disch schdohd no a Gläsle
vom a Achdale Wai,
des scheng i mir voll ond schüdds en me nai.

Ond no ben i wieder zom Schlofzemmer gloffa,
nemme ganz nüchdern, mr kennd faschd sa bsoffa,
ond no han i gschlofa, nex ghörd ond nex gseh,
ond am andara Morga war dui Schnog sogar he.
Dui war von maim Bluad so schdoihagelbsoffa,
ond hot schainds em Rausch
sich em Neschd dren vrloffa,
ond wia se reachd rülbsad
ond reachd schillig guckd,
no han e se anschainend
ärschlengs vrdruckd.

Urlaubserinneronga

Dr Dag wird wach,
em Bad isch Krach,
s Klo isch besetzd,
a jeder wetzd,
s Frühstück isch lau,
Krach mit dr Frau,
d Kender richda,
Hendel schlichda,
na zom Schdrand,
d Schuah voll Sand,
s Badsach schwer,
neidabbd en Teer,
Sonnaschirm glaud,
Sandburg baud,
von de Wella zerschdörd,
beim Maeschdro beschwerd,
zom Essa ganga,
an Sonnabrand gfanga,
Sieschda gemachd,
d Liege nakrachd,

ens Wasser nai
bis zom Hals,
schnell wieder raus,
s Maul voller Salz,
naufgrennd schnell
zom Imbißschdand,
d Füaß vrbrennd
em hoißa Sand,
Vino gsoffa,
nagschbüald Salz,
Weschderwald gsonga,
trocka dr Hals,
nochmols tankd,
hoimwärds gwankd,
dr Nochbr grilld,
dr ander brülld,
en Sessel gflackd,
uffs Bedd nogschdrackd,
Schnoga surrad,
d Katza schnurrad,
Grilla grillad,
d Kendr brüllad,
dr Mond schaind rai,
leer dr Wai,
Auga zua,
jetz isch Ruah.

Hoißer Sand

Es gibt bei den Schwaben auch solche, die so schnell »nuffghaglad« sind, dass sie meinen, sie müssten sich eine standesgemäße Fremdsprache zulegen – »Hochdeidsch«. Dabei »hagelen« sie dann auch des öfteren über ihre eigenen sprachlichen »Boiner«; so wie mein Onkel. Er war zwar nicht »nuffghaglad«, aber immer besonders galant im Umgang mit Damen, die er gerne näher gekannt haben »wotte«.

Seine Hälfte – wer die bessere ist, wage ich aus verwandtschaftspolitischen Gründen hier nicht näher auszuführen – saß kartoffelschälend unterm Vorzelt auf einem Campingplatz in Palamos in Nordspanien.

Er stand vor dem Nachbarzelt und kam rein zufällig mit einer schwarzhaarigen, feurigen Kölnerin ins Gespräch. Das Gespräch allerdings litt stark unter den bohrenden Blicken seiner Hälfte. Aus diesem Grunde kam nur ein mühsames Wortgeplänkel zustande, welches damit endete, daß die schwarzhaarige, feurige Kölnerin meinem Onkel ein Kompliment machte: »Was, sie sind erst zwei Tage hier und schon so herrlich braun?«

»Ja, gell! Ich nehme die Farbe saumäßig schnell an. Aber auf meinem Rücken habe ich einen sottenen Sonnenbrand, dass ich mich die ganze Zeit scherren könnte.«

Und dann saute er schnell wieder zurück ins heimatliche Zelt.

Ob dieses Sauen vom heißen Sand herrührte oder von den nichts Gutes ahnen lassenden Blicken seiner Hälfte oder den Sprachschwierigkeiten? Mit letzter Sicherheit kann ich es auch nicht sagen. Halt, doch.

Da ich der Überzeugung bin, dass wir Schwaben nur bessere Hälften und keinerlei Sprachschwierigkeiten im Umgang mit anderen Volksstämmen haben, muss dieses Sauen logischerweise vom heißen Sand herkommen. Vielleicht. Hoffentlich.

Mr sechd jo nex, mr schwätzd jo bloß

»Oigner Herd isch Goldes werd«,
hot dr Schmied Fischer gsaid
ond hot sai Weib en Ofa gschoba.

Zom Essa vorliega,
zom Drenga zrückliega
ond zom Schaffa naliega.

Liabr an Ongl zom Erba
als a Dande zom Klavierschbiela.

»I will amol et en Hemmel, Herr Pfarrer.«
»Worom et?«
»Do kenne e jo koin.«

»Bua«, hot mai Großvaddr zo mir gsaid,
»am beschda isch, du wirsch am werdichs Pfarrer
ond am sonndichs Lehrer.«
I han des domols anschainend no et so reachd
vrstanda. I ben Lehrer worda. Am werdichs.

»Babba, send des do oba uff am Grüschd Maurer
oder Dauba?« »Dauba.« »An was siehsch des?«
»Se bewegad sich.«

Schwäbische Philosophia
über dia vier Elemende

Das Feuer ischd ein Elemend,
des wenn mr nailangd, au glei brennd.

Benutschd du es zum Hausanzenden,
muschd maischdens du rechd schnell verschwenden.

Das Feuer brauchd man auch zum Wärmen,
von Beinen, Ranzen und den Ärmen.

Das Feuer ischd ein haißer Krembl,
und wer hineinlangd ischd ein Sembl.

Die Lufd ischs gleiche wie das Wasser,
nur ischd das ledschdre etwas nasser.

Von Lufd ischd maischdens man umgeben,
man brauchd dieselbe hald zom Leben.

Die Lufd, die man sehr dringend brauchd,
ischd maischdenteils sehr stark verrauchd.

Lufd ischd gud, wenn man sie kriegd,
doch teuer, wenn man darin fliegd.

Dicke Lufd ischd maischdens da,
wo vorher scho a schlechde war.

Das Wasser aber ischd sehr nass,
und dieses machd nichd allen Spass.

Hat das Wasser einen Schdrand,
dann wird das Wasser Meer genannd.

Das Wasser wär auch für den Hals,
so meinen manche jedenfalls.

Da Wasser auch sehr koschdbar sei,
schbards dr Schwob beim Drenga ai.

Das Wasser ischd unten, die Lufd ischd oben,
man muss darob den Schöpfer loben,
denn hädd mr s umkehrd angedroffen,
no wärad mr scho längschd vrsoffen.

Erde ischd des, auf was du sausch,
hocksch, laufsch, schdohsch oder au bausch.

Wenn Erde von Wasser ischd umgeben,
dann tusch du auf ner Insel leben.

Die Erde besitzd auch Berge, Höhn,
wenn doba hocksch, kannsch nondr sehn,
doch hocksch du onda und et druff,
no glodsch hald nuff.

Kardofflsalad

Dr Hässlers Karl isch noch dr Sengschdond no zemlich vrhockd. Wia er na hoimkomma isch, isch en dr Küche no a Schüssale Kardofflsalad gschdanda. Des war am glei reachd. Er isch schdenderlengs mit am Saladlöffl naigfahra ond hot a Maul voll zua sich gnomma. Aber bloß ois. No isch er en d Schlofschdub naigschdocha ond hot sai Marie abellferd: »Dass fai woisch, dr Kardofflsalad isch furzdrogga!« Sui hot sich romdrehd ond bloß gsaid: »Wärsch du am Zehne hoimkomma, do war er no soichnass.«

S Zigarraschächdale

K omm, no oina rauchad mr zamma, bevor mr
gangad«, hot dr Walle zom alda Gmoindsar-
beidr Öschderle gsaid ond hot am sai Zigarra-
schächdale nogschoba. Ganz schenand hot no dr
Öschderles Frieder doa ond gfrogt: »Isch s egal,
wo es rausnemm?«

»Komm, jetzd han de doch et so«, moind druff
no dr Walle. »Ha, no nemm es drhoim raus«, said
druff dr Frieder, schiabd d Schachdl ai ond gohd.

Dr erschde Theadrbsuach

Iwoiß nemme, wo er se herghed hot. Entweder hot er se em Breisausschreiba gwonna oder es send en saim Bekanndakrois so viel krank worda oder vrhenderd gwea, dass des Abonnema an ehm henga blieba isch. Uff jeden Fall hot er dui Theadrkard et selber kaufd, aus Weldaschauungsgrend, wia er gsaid hot. Drbei war er bloß z kniggad.

Uff jeden Fall isch er s erschde Mol en Schduagrd em Theadr ghockd. Sai Weib hot an außer dr Roih am dorschdichs en d Wann gschdegd ond et erschd am samschdigs, damid er et gar so arg mischdalad. Obwohl, ehm wärs jo egal gwea, weil mr jo ruich schmegga derf, was er schaff. Sei jo schliaßlich ebbas reachds. Er hot trotzdem en d Wann miaßa. Ond no isch er em Theadr ghockd. Aber frog et wia: »Dui Scheißkrawadd, dui vrreckd – dui schnierd oim jo gladd d Gurgel zua.« – »Hot dui a Geblaire do vorna. Do gangad oim jo d Zaihanegal ra.« – »Net amol d Hos kosch uffmacha.« – »Jetzd däd s me bloß endressiera, für was dui alda Schachdl do homma a Fernglas brauchd. Vielleichd sodd e derra nochher saga, dass se et uff am Greanaberg isch.« –

»Welcha Lehne isch jetzd de mai? De rechd oder de leng? Großkotzad coa, aber für drei Schdüahl bloß zwoi Lehnana. Des ko e fai leida. Safdlada. Elendr.«

No isch sai Nochbr a bissle an an nokomma: »Oh, pardon, verzeihen Sie bitte«, hot der gflüschderd.

Er, weniger flüschdernd: »Ha? Wa widd?«

Von henda: »Bschschschd.«

Er drehd sich gschwend über sain broida Buggl noch henda: »Hald de raus – Mendle.«

No war wieder a Ruah.

»Also ällas was reachd isch, ci Lehne ghörd mir.

Mr hot jo schließlich drfür zahld. Jetzd will e doch amol seah, wer ärger drugga ka, der Parfiembomber oder i.« –

»So, des hädd e.«

»Net amol d Fiaß kosch reachd ausschdregga. So ebbas Ogmiadlichs.« –

»Wo isch denn s Klo? Des Geblärr druckd oim jo uff d Blos.«

Ond no isch s bassierd. Dr große Schdar isch uffdredda. S Publikum schdohd uff ond kladschd schdehend Beifall. Er hockd no. – Alloi. – Bis am s selber peinlich wird. No schdohd er hald en Goddsnama au uff, au wenn er koin Grond siehd.

73

Er kennd den Schlangangerler jo et. D Hand lässd er em Sack. Der soll zerschd amol äbbas do, bevor er klatschd. Vielleichd.

S Publikum beruhigd sich wieder ond hockd na. Er schdohd no a Weile hendadrai.

Na hockd er au no, oder viel mai, er will nahocka, hockd aber ens Leere, weil dr Klabbsessel nuffgschnabbd isch. Ond na schdohd er uff. Ganz langsam ond guckd drbei en dia blede Gsichdr rechds ond lengs. Wia er na wieder schdohd, drehd er sich ganz schnell rom, haud saim Hendrma a Fuiriga an d Gosch na ond schreid: »Dir gebb es na für s Schduahlwegziaga!«

Na isch er naus. En saim Jäschd isch er no jedam, der am saubled em Weg ghockd isch, goddsallmächdig uff d Fiaß dabbd. Ond na isch er drussa gwea, hot sain Kiddl ghold ond isch naus zom Theadr. Na hot er dreimol durchgschnaufd ond zom Theadr hendarebellferd: »So a Affatheadr, so a saubleds! Ond drhoim sodd mr d Küah melga!«

Ond na isch er zom Bahof dabbd ond mit am nächschda Ziegle hoimdampfd.

Ob er amol wieder ens Theadr wedd?

Dui Frog hend se drhoim bloß oimol gschdelld.

Mauldascha II

Das Wort »Mauldascha« steht vom Wortklang her im diametralen Gegensatz zu der Feinheit dieser schwäbischen Delikatesse. Se send hald wia mir Schwoba selber: Äußerlich oauffällig, schlichd, oscheibar, bescheida. Guck se doch a, dia grau-gelbe, wasserblodrige Nudelfleck, dia wia Wasserleicha en derra Brüah romschwemmad.

Aber enna, i sag jo, wia mir Schwoba: Guad, sauguad sogar.

Also, wenns so viel guade Schwoba gäb wia Mauldascha, des wär schier et zom aushalda. Do isch no direkd guad, dass au no maschinell hergschdellde Mauldascha gibd, dia schmeggad, wia wenn se en a ra Schreinerei gmachd worda wärad. Aber dia werdad endweder expordierd oder sodde Leud vrkaufd, dia bloß wegam Honger essad.

De richdige Mauldascha, dia issd mr et wegam Honger, dia ko mr au noch am Essa essa, oder zwischam Essa oder vor am Essa. Eigendlich ka mr Mauldascha emmer essa. Au wenn mr nemme ka.

Also alloi die Vorschdellong: A großa Schdoi-
guadschüssel aus dera s rausdampfd. Ond na
gucksch nai. Ond do send se drenn, emma
Floischbrüahle mit Schniddlauch drüber ond
gschmälzde Zwiebelrengla. Ond na schepfsch dr
raus mit amma großa Subbalöffel, trialsch über d
frisch Dischdegge nomm en dain Subbadeller nai.
Na holsch dr no a Dromm Kardofflsalad, der
schwätza muaß ond kald sai sodd. Ond den
schdroifsch na nai en dai hoißa Brüah.
Ond jetzd hol ällas de richdig Temperatur –
lauwarm.– Ond na:

Se schlabbarad,
se sabbarad,
se klebbarad,
se schebbarad,
se sürpflad
ond schmatzad
ond drialad
ond hangad
drübernai. –
Gibds koine
Mauldascha mai?

Exkursion

Ein Gmünder Geographieprofessor behandelte in seinen Vorlesungen die Schwäbische Alb mit ihren Besonderheiten: Den Dolinen, den Hülben, den Karsthöhlen und der Albwasserversorgung.

Doch grau ist alle Theorie, und so entschloss er sich gegen Ende des Semesters mit seinen »Menschern« und »Herren Kerle« diese Besonderheiten per pedes aufzusuchen. Den ganzen Tag war man unterwegs, führte so manches Gespräch mit den Bauern auf den Feldern, den herumziehenden Schäfern und den obstaufklaubenden, buckligen, alten Weiblein, die gnitz und schnell eine passende Antwort auf die naiven Fragen der unerfahrenen Studenten parat hatten.

»Was machen Sie denn mit dem vielen Obst auf den Bäumen?«

»Ra do.«

»Ja, und dann?«

»Essa.«

»Alles?«

»Noi.«

»Und mit dem Rest, was machen Sie da?«

»Trenga – aber, wenn Se scho do romschdandad, no send Se doch so guad ond nemm amol den langa Schdegga mit dem Hoga en d Hand ond schüddlad Se den obara Aschd, do komm i nemlich et nuff.«

Der ahnungslose Student erklärte sich gerne bereit, war überrascht und erfreut zugleich über so viel Offenheit und Redseligkeit der, wie er gehört hatte, Fremden gegenüber eher verschlossenen Albbevölkerung. Das alte Weiblein aber entfernte sich ein paar Schritte.

Und dann begann er zu schütteln. Kräftig. Einmal. Wie ein Platzregen prasselten die zum Teil schon überreifen Äpfel herab und so mancher weiche Gewürzluig hinterließ seine saftige Spur am Kopf des armen Studenten.

Tröstend kam das Weiblein zurück, das in sicherem Abstand und voller Schadenfreude dem Geschehen zugesehen hatte:

»Gell, des hot ehne doch nex ausgmachd? Sia send jo s schaffa mit am Kopf gwehnd.«

Ja, und so kam man dann gegen Abend ermattet von der langen Wanderung und ermüdet von den vielen Eindrücken am Albtrauf an und ein herrlicher Blick in das weite Voralbland tat sich wie zur

Belohnung für die Mühen des Tages den Studenten und ihrem Professor auf. Man stand ganz still und überwältigt da vorne am Rande der Bassgeige, staunte über die Schönheit und den Liebreiz der Heimat, die man so noch nie erlebt hatte, und der Herr Professor meinte mit einem wohlig tiefen Seufzer: »Do guggad no ihr Schofseggl, was dr Herrgod euch für a schees Ländle gebba hot.« Schdemmd.

Mir hot ebbr vrzähld ...

... dass d Bächdles Marie en Esslenga onda am Neggr a Wies ghed hot. Na sei amol a saumäßig kalder Wendr gwea. Ond na häb dr Schuldas zom Feuerwehrkomandanda gsaid, er miaß mit seine Manna na an Neggr zom Eis schbrenga – für an mancha Pfeiler wär s eh besser, s gäb an nemme. Aber na schdohd so a Bachl uff dr Brigg ond haglad ra ond sei womeglich no he ond na sei er schuld.

Na seiad dia Manna hald na zom Schbrenga ond zom d Kendr wegjaga, weil dia Grambas au Wend drvo kriagd hend ond neigierig, wia se hald send, send se zvorderschd drogschdanda. D Bächdles Marie sei grad bei dr Müllers Klara gschdanda ond häb baadschd, als der Schbegdaggel mit dem Schbrenga losganga sei. Ond na seiad boide dr Neggr endlang nagsaud. Se seiad et neigierig gwea, se hättad bloß emmer gnau wissa wella was los sei.

Wia se nakomma seiad, seiad dia Manna mit am Schbrenga grad ferdich gwea ond überall uff de Wiesa seiad allmachds Eisbreggl romgleaga.

Au uff dr Bächdles Marie ihra Wies. Ond wia se des gseah häb, na häb se losglegd: »Ja sagad amol, ihr Allmachdsbachl, wia schdellad ihr euch des aigendlich vor? Ha den Sauschdall raimad r fai glei uff. Weglaufa wia d Sau vom Drog! Ja, was glaubad r denn aigendlich!? Wia soll i do em Heuad mäha. Des wurd uffgraimd!!«

Sparsamkeit

Der Schwabe ist ja als sparsam bekannt. Die Sparsamkeit bringt dann auch noch mit sich, dass man alles dreimal in der Hand herumdreht, ehe man etwas wegwirft. Das Weggeworfene wird dann, bevor die Leute vom Sperrmüll kommen, nochmals gründlich gesichtet. Es könnte ja sein, dass man etwas im »Daubadiachd« (Unverstand) zum Sperrmüll gegeben hat. Dr Guschdav Kopp, Rentier und Agronom a.D., isch wieder amol fendich gworda. Er brengd emmer ebbas hoim, au von de andere Leid ihram Schberrmüll. Heud isch er mit ama alda Reagaschirm hoimkomma. S war scho faschd meh a Sieb. Sai Weib hot des löchrige Deng oguckd ond gsaid: »Ja, sag amol, was willsch denn mit dem heniga Denger? Mit dem kosch doch nemme furdganga. Do wirsch doch soichnass!« Die lapidare Antwort des Gustav Kopp: »Aber drhoim rom duad er s no.«

Dr Jürgen

Dr Jürgen, des isch a Baurabüable wia aus am Bilderbuach. Er wohnd en Bleaschba. Dr Jürgen, des isch der, der noch de Feria gsaid hot, wo alle vom Urlaub vrzähld hend: »Mir wärad au schau überall gwea, wenn s et so weid wär.«

Jo, ond no isch a Nuier komma (ein neuer Lehrer). On der hot am Jürgen ebbas beibrenga wölla: »Jürgen, du bist doch jetzt schon ein großer Bub. Weißt du, eigentlich solltest du so langsam wissen, dass man zu den erwachsenen Leuten nicht du sagt.«

»I sag zo alle du.«

»Das war damals schon richtig, als du im Kindergarten warst und zur Tante Else du gesagt hast. Aber jetzt doch nicht mehr.«

»Worom et?«

»Das gehört sich einfach nicht fremden Leuten gegenüber.«

»Aber i kenn di doch.«

»Trotzdem, ich erwarte von dir, dass du in Zukunft Sie sagst. Du musst das einfach lernen, vor allem auch deswegen, wenn du in Zukunft mit fremden Menschen zusammenkommst. Versprochen?«

»Also, no macha mrs so, wenn obedengd willsch«, hot dr Jürgen gsaid, »i sag zo dir Sie, aber zo de andere sag i du.« Ond no isch dr Jürgen weggloffa ond hot den Nuia schdanda lau.

Urlaub

Urlaub hemmer,
gschaffd semmer,
mr ko
schier nemmer –
nexdo –
isch no
schlemmer.

Wai

Vornadrai,
drzwischanai,
hendadrai,
schmeckd dr Wai,
so muaß sai.

Dr Debbich

Eine ältere Jungfer, eine typisch schwäbische, mit braunen wollenen Strümpfen, ausgetretenen braunen Hartlederschuhen mit flachen Absätzen, eine dunkelblaue Kittelschürze mit kleinem, weißem Blümchenmuster und rundem Ausschnitt über der fülligen Figur, das graumelierte Haar zu einem ordentlichen Knoten zusammengebunden, betrat, eingezwängt in ihren etwas zu engen Hüftgürtel, schnaufend und dampfend wie die Zuglok früher an der Geislinger Steige den Laden meines Freundes Roman, seines Zeichens »chrischdkatholischer« Kurzwarenladenbesitzer in Großeislingen, Kennern auch unter dem Namen Zundelheim hinlänglich bekannt.

»Griaß Gott, Roman. Lass me no zerschd gschwend nohocka ond ausschnaufa. Woisch, dia Drebba, dia schlauchad me hald scho.« Und damit ließ sie sich in einen für solche Fälle bereitstehenden geflochtenen Sessel fallen, der unter der plötzlichen Attacke leise aufstöhnte. Ansonsten blieb er in seiner Form. Er war solche Belastungen gewohnt.

Sehr damenhaft war der Anblick nicht gerade, denn die Breitenbüchers Else saß etwas breitbeinig da. Aber wo sollte auch sonst der nun zusammengefaltete Bauch hin, wenn nicht zwischen die strammen Beine? Eine andere Möglichkeit gab es halt in dem engen Jugendstilsesselchen nicht.

»Isch scho reachd, Else. Ruah de no a bissle aus. I sodd eh no dia Sweatshirt ond Tanga aiordna.«

»Ha?«

»I muaß no dia Sweatshirt ond dia Tanga en d Auslag henga!«

»Ja, was isch denn des für äbbas neimoderns?«

»A Sweatshirt isch a Schwoißhemmad.«

»A Onderhemd?«

»Noi. Des ziagd mr über s Onderhemmad a, wenn mr ois hot.«

»Ja, so äbbas bleeds. Zo was brauchd mr des, wenn mr scho a Onderhemmad ahot? Du wirsch wahrschainlich koine gscheide Onderhemmerder meh en daim Safdlada han, sondern bloß so a leichds, fadaschainigs Glomb, so a billiga Fabrikwar aus waswoißiwoher, wo mr glei durchschwitzd ond noch am erschda Wäscha bloß no als Butzlomba nemma ka.«

»Des isch wia a leichdr Pullover. Des hot mit am a Onderhemmad nex zom do.«

»Worom hoißd s no so?«

»Des kommd hald von Amerika rom ond do hoißd mr des so.«

»So, also mir isch a leichder Pullover liabr als so a, a ...«

»Sweatshirt.«

»A, a ... amerikanischs Glomb!«

»Des isch jo au äbbas für jonge Leud ...«

»... ond et für so alde Schachdla, wie i oina ben – hosch doch saga wölla!«

»Noi, noi, wia käm e au drzua.«

»Mm, bei dir woiß mr nia. Ond dia Denger, dia, dia ...«

»Tanga?«

»Ha? Tango?«

»Tanga!«

»Ja, Tanga, dia moin e. Was isch na aber au dees?«

»Ward, bevor e dr s lang erklär, i hol gschwend oin.«

»Moinsch vielleichd, i ben z domm?«

»Noi, des et grad, Else. Aber des muasch gseah han. Ward gschwend!«

Roman verschwand dann in den hinteren Räumen seines Ladens und kam wenige Augenblicke später mit glänzenden Äuglein zurück und hielt Else ein winziges Etwas vor die Nase.

»Ja, was isch jetzd au dees?«

»Ein Tanga.«

»Aha.«

»Woisch au, zu was mr den brauchd?« »Noi. Des siehd aus wia a Krawadd. Aber worom hot s do so Bendl dra!«

»Erschdens amol isch des koi Krawadd ond zwoidens ziagd mr des wesendlich weider onda a.«

»Also für an Hüfdgürdel isch des Deng z schmal.«

»Weider.«

»Was weider?«

»Weider onda.«

»Saukerle!«

»Jetzd rod hald!«

»Also weider onda han i a Onderhos a.«

»Genau! Des isch s! Des isch a Onderhos.«

»I seah koi Hos.«

»Schad, dass e dr s et zoiga ka, wia mr so äbbas aziahd. Aber dai Größe isch grad vrgriffa.«

»Wia hosch jetzd des gmoind?«

»Also, Else, bass uff. Woisch. Dia jonge, schlanke Mädla heud, dia ...«

»Du, i war fai au amol schee. I ka dr no Bilder zoiga von ..., ward amol, des war vor ogfähr ...«

»Else, schwätz et, i woiß, des brauchsch mr gar et zoiga, des siehd mr au no heud. Bloß aus a ra scheena Zwetschg wird amol a scheena Hutzel, ond des woisch jo selber, dass mr aus am a Rossbolla koi Kotled macha ka.«

»Des hosch jetzd aber liab gsagd, Romanle. Du warsch früher scho emmer so a netts Biable. Du, aber was e aigendlich wölla han – komm dua amol des Krawäddle von mainara Nos weg, des bassd mr jo eh et – hosch du Wolle?«

»Grad gnuag. I han so viel, dass e se sogar vrkaufa ka.«

»Ha, des denk e mr. I brauch Debbichwolle. I will an Debbich knüpfa.«

»Du, des isch fai a Saugschäid.«

»I woiß, aber i han jo Zeid.«

»Ja, was willsch na für oin macha?«

»Ward, i han do d Größe ond a Abbildung. Henda schdohd ällas druff was e brauch.«

Vollbepackt mit zwei großen Plastiktüten Wolle schlingerte dann die Breitenbüchers Else wieder nach Hause. Wochenlang sah man sie nicht mehr bei meinem Freund Roman. Ab und zu konnte man sie in der Bäckerei oder Metzgerei unten am Eck antreffen. Aber nur kurz. Sie musste ja wieder nach Hause zum Knüpfen.

Eines schönen Morgens erschien sie dann wieder in Romans Laden und verkündete voller Stolz:

»Roman, er isch ferdig!«

»Wer?«

»Ha, mai Debbich. Ond schdell dr vor, er siehd genau so aus, wia auf dem Bildle des i dir zoigd han. Es ischd ain Traum von ainem Debbich, ka i dir saga. Den soddsch amol seah, wenn morgens d Sonne raischaind, wia der leichdad. Ond des Debbichmuschdr, des bassd hoorgenau zu dr Dabed. Jetzd isch d Schdub erschd richtig schee.«

»Des fraid me für di, Else. Widd no äbbas, bevor e Feierobend mach?«

»Noi, noi. I muaß wieder hoim. I woiß garnet, ob e au abgschlossa han. Woisch, mr ka et vorsichtig gnuag sai, wenn mr so äbbas Wertvolls drhoim liega hot. Bei dem Gsendel wo heudzodag romlaufd. I han dr bloß gschwend saga wölla, dass e ferdig worda ben. Des isch heud a richdiger Feschddag für mi. Jetzd gang e no gschwend en Konsom nom ond hol mr no a Fläschle Rotwai. Des muaß begossa werda.«

»Na bass bloß uff, dass et glei uff dr neie Debbich drialsch, s wär grad schad drom.«

»Noi, noi, koi Angschd, den Wai drenk i en dr Küche.«

Mit diesen Worten verließ sie den Laden. Roman lächelte ihr leicht kopfschüttelnd nach und stellte sich vor, wie die Else in der Küche vor ihrem Gläschen Wein hockt und durch die geöffnete Wohnzimmertür ihren »Debbich« bewundert.

»Sag amol, was grinssch so bleed? Isch äbbas?«

Romans Verkäuferin, eine langjährige, deshalb diese vertrauliche Anrede, war in den Laden gekommen. Er erzählte ihr den Grund seines Grinsens und beide standen nun im Laden und lachten herzlich über diese so blumig ausgemalte Vorstellung.

Einige Jahre später kam dann die Breitenbüchers Else ganz aufgekratzt angerauscht:

»Romanle, schdell dr vor, was i heud morga scho gmachd han!«

»Om Goddas Willa, Else, was aber au om ällas en dr Weld hosch denn vrbrocha? Hosch d Volksbank überfalla?«

»Noi.«

»Hosch oin omglegd?«

»Bachl!«

»Hosch gheiradad?«

»Allmachdsbachl!«

»Leabsch wild mit oim zamma?«

»Granadabachl!«

»Ja, was denn na?«

»Heud morga, i lauf wia seid Johr ond Dag om main selberknüpfda Debbich rom, hot mi uff oimol dr Deifl gridda. Wia e also so om an romlauf han i uff oimol denkd: Leck mich am Arsch, jetzd dabb e druff.«

Eine italienische Reise
(nicht von Goethe)

Draußen herrschte, gelinde gesagt, ein Sauwetter. Es war die Zeit nach Heilig-Drei-König. Weihnachtsferien. Die ganze Familie saß missmutig zu Hause herum. Keiner konnte hinaus. Es regnete in Strömen. Es war nasskalt. Alles grau in grau, wie mein Flanellanzug der tropfend im Badezimmer hing, nicht unähnlich der zerzausten Amsel, die trübsinnig gegenüber auf der alten Weide hockte und hängenden Kopfes vor sich hindöste. Die Kinder stritten sich im Kinderzimmer um die Weihnachtsgeschenke, die nicht in doppelter Ausführung geliefert worden waren.

Meine Frau kam mit einem großen Korb Wäsche herein: »Mai Maschee ond i dread jetzd no bald durch. D Wäsch wird scho gar nemme drogga, em Kenderzemmer gohds zua wia bei s Bendales, ausseah duads, wia wenn a Bomb naigschlaga hädd, en dr Küche schdohd no s Gschirr romm, ond du hocksch do ond machsch so a bleeds Kreuzwordrädsel.«

»Glei. Mir fehlad bloß no zwoi Wördla. Beruf mit sechs Buachschdaba.«

»Bachel.«

»Des isch doch koi Beruf.«

»Aber s send sechs Buachschdaba.«

»Moinsch mi?«

Sie erwiderte nichts, schlug aber demonstrativ die Hosenbeine heraus, die sich beim Waschvorgang anscheinend in die falsche Richtung verirrt hatten.

Die Lust am Kreuzworträtseln war mir gründlich vergangen. Ich klappte die Zeitschrift zusammen und – entdeckte auf der Rückseite eine Anzeige eines Reisebüros der nahen Kreisstadt: Soeben sind die neuen Sommerreisekataloge eingetroffen!!!

»Du, dia holl i fai glei«, gab ich erfreut von mir.

»Wen? I ko jetzd neamrds braucha.«

»Ha, do, dia Katalog.«

»Was für Katalog? Mir bschdellad nex, mir kaufad nex, mir hend jetzd über Weihnachda gnuag Geld ausgebba. Soweid kommds no. Jetzd wird gschbard.«

»Noi, i moin dia Sommerreisekatalog. Woisch, wenn mr ford wellad, na miaßad mr rechdzeidig buacha, sonschd kriagad mr nex Gscheids mai.«
»Willsch du ford?«

»Jo, glaubsch du vielleichd, i hock bei onsere vrregnade Sommer au so bleed drhoim en dr Schdub rom wia jetzd grad!«

»I hock et bleed rom, i schaff.«

»Na gang i hald alloi.«

»Des däd dir so bassa. S Weib ond d Kendr drhoim lassa ond selber am Schdrand romflagga ond de neggade Weibr nochgugga.«

»Dia send et neggich.«

»Aber faschd. Woher woisch du des aigendlich?«

Anstatt mich auf weitere Diskussionen einzulassen, die erfahrungsgemäß eh zu meinen Ungunsten ausfallen würden, eilte ich ins Badezimmer, zwängte mich in meinen völlig aus der Facon geratenen, aber absolut zum Wetter passenden, grauen Flanellanzug und wollte eben dem heimatlichen Chaos entfliehen, als ich hinter mir die lakonische Feststellung vernahm: »Schuah hosch koine!«

Die Verzögerung war nur von kurzer Dauer, denn ich schlüpfte in die Schuhe hinein, ohne die Schuhbändel vorher zu lösen. So stakte ich die Treppen hinunter.

»Ond de Kendr said mr emmer, se sollad Schuah uffmacha bevor se naischlupfad. Aber bei daine Driddleng isch des schains äbbas anders!«

»Des schdemmd fai, Babba«, krähte die Kleine zur Bestätigung hinterher.

Schnell zog ich die Haustüre hinter mir zu und rannte den kurzen Weg zur Garage hinunter. Nichts wie ins Auto und rein in die Stadt zum Reisebüro.

Eben betrat ich den Laden, als ich meinen Nachbarn, den ziemlich »stark verheirateten« Molla Eugen wahrnahm, der verschämt einen FKK-Prospekt weglegte, als er mich erkannte.

»Wenn a neia Beißzang suachsch, na muasch do nom en d Eisehandlong.«

Mit dieser gut nachbarlichen Bemerkung ließ ich den in Verlegenheit Geratenen stehen und eilte dem Regal zu, auf dem das heißersehnte Illusionsmaterial zum Mitnehmen bereitlag. Schnell packte ich zusammen was mir geeignet erschien, verließ ohne weitere Verzögerung den Laden und brauste zurück nach Hause.

»Dr Molla Eugen« war sicherlich froh darüber, konnte er sich nun doch ungestört und vor allem ohne etwas dafür bezahlen zu müssen, wieder seiner Lieblingslektüre zuwenden.

Zu Hause angekommen, öffnete ich freudig erregt die Tür mit dem Ellenbogen, da ich beide Hände voll mit schwerem Prospektmaterial hatte, welches mir auch prompt zum größten Teil entglitt und noch vor mir das traute Heim erreichte.

»Pressierds?«

»Noi, aber s isch no hoiß.«

»So kommsch mr fai et en d Schdub, du bisch jo soichnaß! Gang ens Bad ond ziag de om!«

Folgsam, wie ich nun mal bin, kam ich der Bitte meiner besseren Hälfte nach.

»Ond heng dain Ahzug au saubr uff an Biegl!«

Nachdem ich mich also trockengelegt hatte, betrat ich im ausgebeulten, aber sehr bequemen Trainingsanzug das Wohnzimmer, um mich über das Material herzumachen.

»Hoffendlich kommd neamrd. Du siehsch jo vrbodda aus en dem Lombasack.«

»Ond a Kardoffl hosch au em Sogga«, stellte mein Sohn fest, der auf dem Boden lag und schon beim Studium der Reiseprospekte war.

»I will au gugga«! stürmte die Kleine herein, die inzwischen auch mitbekommen hatte, dass es etwas Neues gab.

Ich verteilte die Prospekte und dann trat eine herrliche Ruhe ein, die nur durch das Knistern des Papiers beim Umblättern unterbrochen wurde. Meine Frau legte ihre Wäschearbeit weg, die Neugierde hatte gesiegt. Die Kleinen waren friedlich und betrachteten mit glänzenden Augen die herrlichen Aufnahmen der schönsten Gegenden, die touristisch erschlossen worden sind. Mein anfängliches Leuchten in den Augen verschwand sehr rasch, nachdem ich bei der Preisliste angekommen war.

»Dia send jo glad vrrückd. Des kosch jo nemme vrzahla. Do, guck, uff Malaga na pro Perso 780 Euro, des send zo vierd fascht 4000 Flascha Bier vom Sonnawird. Ond des ohne, dass gessa oder dronga hosch!«

»Dass du emmer glei an des dengsch. Mr ko sich s jo em Urlaub au amol oifacher macha. Mr muaß jo do honda et so aushausig leaba. Do schdohd mr et so bald uff, frühschdückd ausgiebig, na schbard mr sich s Middagessa ond …«

»… ond gohd womeglich no vor am Nachdessa ens Neschd. Ha soweid kommds no! Wenn e Urlaub mach, na will e et vierzeah Dag lang schbara ond uffs Essa ond Drenga vrzichda.«

»Schada däd dir des jo aigendlich nex.«

»I be schee gnuag für mai Aldr.«

»Drhoim rom vielleichd. Aber do honda kriagsch no schier koi Lufd mai, weil da da ganze Dag mit ama aizogana Ranza rommdabsch.«

»Schwätz doch koin Babb! Noi, aber des isch mr fai z deier.«

So kam man dann zu dem Schluss, nicht zu fliegen, sondern mit dem eigenen Wagen eine Urlaubsreise anzutreten. Die Richtung war auch klar. Es sollte auf alle Fälle in den Süden gehen, damit die Kinder vor allem etwas Sonne auf ihre ausgebleichte Haut bekommen sollten. Doch, wohin in den Süden? Griechenland war uns zu weit. Jugoslawien ebenfalls. Südfrankreich auch.

»Idalia war s nächschd. Aber an d Adria gang i et, do isch beschdemmd de halb Nochbrschafd dronda. Do kosch koin Furz lau, na schdohds achd Dag schbädr drhoim em Bläddle drenn.«

»Des schdemmd«, pflichtete mir meine Frau bei.

»Am Schdrand derf mr jo au et romfurza«, warf die Tochter in das Gespräch ein.

»Sonsch pfläddarad d Badhos«, meinte trocken der Kleine.

»Jetzd langds aber!«

Damit wurde das ergiebige Thema abrupt beendet.

So langte man an der Riviera an. Im Prospekt vorläufig. Man suchte und suchte, erwägte, verwarf, diskutierte, brachte zwischenzeitlich die Kleinen ins Bett, öffnete ein Fläschchen Wein, suchte weiter und fand schließlich kurz vor Mitternacht doch etwas, von dem wir glaubten, dass es auf unsere Bedürfnisse zugeschnitten sei. Es war ein Häuschen in Forte dei Marmi an der italienischen Riviera. Ein Häuschen für unsere Familie ganz allein. »Ons kosch koim zuamuada.«

Wir entschlossen uns, gleich morgen zu buchen, räumten noch das überall im Zimmer herumliegende Prospektmaterial zusammen und wollten gerade zu Bett gehen, als unsere Tochter vollkommen angezogen und mit zwei großen Plastiktüten bewaffnet, wobei aus jeder ein arg maltretiertes Stofftier herausragte, ins Zimmer trat.

»Gangad mr jetzd endlich?« Es dauerte einige Zeit, bis meine Frau ihr klarmachen konnte, warum wir noch nicht heute, sondern erst in den noch sehr fernen Sommerferien gehen würden. Ich bewunderte sie darob, denn ich war so hundemüde, dass ich nur noch ins Bett taumelte. So sehr hatte mich dieses Studium geschlaucht.

Doch an Einschlafen war nicht zu denken. Zu sehr waren die Gedanken aufgewühlt. Ich sah im Geiste das Häuschen vor mir in einem wunderschönen Garten unweit des nahen Meeres, dessen sanfte Wellen leise rauschend sich im hellen Sande verliefen. Ich lag im Liegestuhl und blinzelte hinüber zu meiner Frau – es war doch meine Frau – oder? – die da in der Küche hantierte und eine Pizza oder Lasagne zubereitete. Die Sonne brach sich in einem Kelch Chianti classico, der wie ein Rubin aufleuchtete. Ich nippte am Glas, ließ das edle Nass über meine Zunge rinnen, und dann rief meine Frau vom blumenumrankten Häuschen herüber: »Uffwacha, s isch sechse!«

Schade.

Ich stand auf, rieb mir die Augen, schob den Vorhang zur Seite und der Blick aus dem Fenster machte mir klar, dass das nicht die sonnenverwöhnte Riviera sein konnte. Außerdem keine Spur von Ferien. Ganz im Gegenteil, der erste Arbeitstag nach den Weihnachtsferien stand wie ein unüberwindlicher Berg vor meinen verschlafenen Augen.

Es war eine lange Zeit bis zum Abreisetermin, doch auch diese Durststrecke wurde überwunden. In den letzten vier Wochen wurden wir durch die nicht enden wollenden Fragen unseres Nachwuchses mürbe gemacht. »Wann fahrad mr?«

»Wieviel Dag send s no?«

»Wia ofd miaßad mr no schlofa?«

»Isch no lang?«

»Isch des weider als noch Heininga?«

»Derf i maine Audola midnemma?«

»Mamma, hocksch du bei ons henda?«

»Moinsch, dr Babba fendad wieder hoim?«

»Gibds en dem Haus au a Klo?«

»Wia dieaf isch s Meer?«

»Kennad Idaliener au schwäbisch?«

Der Tag, besser, die Nacht der Abreise war gekommen. Wir hatten die Kinder nicht schlafen gelegt, in der Hoffnung, sie würden in der Nacht während der langen Reise im Auto schlafen. Der Irrtum lag auf unserer Seite. Die liebevoll hergerichteten Schlafgelegenheiten im hinteren Teil des Autos waren schon nach kurzer Zeit in einen Zoo auf der einen und einen Motocross-Kurs auf der anderen Seite umfunktioniert worden. Noch keine zehn Kilometer waren gefahren, da war von hinten zu hören: »Mir hend Honger ond Durschd!«

In Aichelberg waren wir auf die Autobahn gefahren. In Mühlhausen am Albaufstieg war schon die Hälfte des Reiseproviants verputzt. Bis auf die üblichen Meinungsverschiedenheiten zwischen Geschwistern bei Raumaufteilungsfragen, verlief die Fahrt sehr zufriedenstellend. Merklingen: »Gell do miaßad mr naus!« Ulm: »Jetzd dauerds nemme lang, gell?«

Stunden später dann wurde die herrliche Schweizer Bergwelt optisch wahrgenommen und die Länge des St. Bernhard-Tunnels gebührend bewundert.

»Mr glaubd gar et, was do für an Haufa Audo neigangad.«

Nach dem Tunnel: »So, jetzd semmer en Idalia.«

»Babba, Wo isch na s Meer?«

»Do miaßad mr no a Weile fahra.«

»Wia lang no?«

»Ha, so fenf, sechs Schdond.«

Nach zehn Minuten:

»Send jetzd dia fenf, sechs Schdond rom?«

»Noi.«

Meine Frau: »Jetzd frogad et so viel, dr Babba muaß uffbassa.«

»Ons isch soo langweilig.«

»Na guggad doch a bissle naus. Des isch so a scheene Landschafd.«

»Landschafd hemmer drhoim au. I will jetzd glei s Meer seah.«

»Do hanna gibds koi Meer.«

»Na semmer au et en Idalia. Ihr hend ons agschwendeld.«

»Freile, aber Idalia beschdehd doch et bloß aus Meer.«

»Worom et?«

Dieses »worom et?« begleitete uns bis kurz vor Mailand. Hier wurde eine sehr kurze Rast auf einem Parkplatz direkt neben der Straße gemacht. Sehr kurz deshalb, weil es da noch schlimmer als zu Hause im Kinderzimmer aussah, und das will schon etwas heißen. Außerdem war es so heiß und windig, dass man sich wie in einem Heißluftbackofen vorkam.

Die Fahrt ging weiter durch die nicht enden wollende Poebene. Unsere Kleinen hielten sich wirklich tapfer, nicht zuletzt deshalb, weil meine Frau eine ungeheure Kreativität im Erfinden immer neuer Spiele entwickelte:

»Wer en dr nächschda halba Schdond meh Mercedes oder meh Opel siehd, hot gwonna.«

»I will aber liabr Fiat zähla«, krähte unser Söhnchen, das in Sachen Autos schon recht gut Bescheid wusste.

»Ond i Gäul,« meinte die tierliebende Tochter. Wer den Wettbewerb gewann, bedarf wohl keiner weiteren Ausführung. Auf jeden Fall erbrachte das Ende der Zählung weiteren Stoff für geschwisterliche Auseinandersetzungen. Und so ging es noch stundenlang weiter, bis endlich bei Genua der langersehnte Blick auf das Meer frei wurde.

»I hans zerschd gseah«, frohlockte ich.

»Du hocksch au viel weidr vorna«, kam der Dämpfer vom Nachwuchs.

»Ond wia des riachd,« meinte meine Frau.

»I will au seah, wia des riachd«, und schon hatte die Tochter das Fenster heruntergekurbelt und den Kopf hinausgestreckt.

»Mach jo schnell des Fenschdr wieder zua ond dua dain Kopf rai. Schdell dr amol vor, da kommd a Laschdwaga vorbei. Der reißd dr gladd dain Kopf ra«! schimpfte berechtigterweise meine Frau.

»No muasch hald em Dongla weidrdabba«, ließ der Sohn ungerührt vernehmen.

Ja, und endlich, endlich, endlich waren wir am Urlaubsort angelangt: Forte dei Marmi stand in großen Lettern auf dem Ortsschild. Der erste, allerdings übermüdete Eindruck war nicht gerade berauschend. Das kleine verträumte Fischerdorf entpuppte sich als lebhaft pulsierende Stadt.

Wir bogen nach links in Richtung Ortsmitte ab und hielten an einem monumentalen Reiterdenkmal. Nicht um selbiges zu besichtigen, sondern um den Carabinieri um Auskunft zu bitten, der am Sockel des Denkmales lehnte und sich angeregt mit einem der wenigen Ureinwohner unterhielt, in keiner Weise beeindruckt, von dem an ihm vorbeiwogenden Verkehrschaos. Er antwortete auf unsere Frage sehr bereitwillig, sehr freundlich und noch ausführlicher. Er kannte sich hier anscheinend gut aus. Ich nickte, sagte: »Mille gracie«, und fuhr weiter.

»Babba, du kosch jo idalienisch«, kam es bewundernd von hinten.

»Woisch jetzd, wo s nogohd«? wesentlich skeptischer von der Seite.

»Ogfähr«.

So fuhren wir dann eine Weile durch das Städtchen, kamen dabei immer wieder an denselben Stellen vorbei – »do gfälld dr s schains« – und erwischten dann eine Ausfallstraße, die uns schnurstracks in Richtung Florenz geführt hätte, wenn wir weitergefahren wären. Wir machten wieder kehrt und nichts wie hinein in das Getümmel der Stadt, das mit zunehmender Dunkelheit auch zunehmend dichter wurde. Resigniert hielten wir an einem etwas unansehnlichen Ristorante, denn alle waren hungrig und durstig und natürlich hundemüde. Ich bestellte mit Händen und Füßen und entsprechender Mimik etwas zum Essen und zu Trinken und kam dadurch auch mit der Patronin ins Gespräch, das vorwiegend sie mit mir führte.

Sie musste unsere hoffnungslose Lage an meinem wahrscheinlich ziemlich blöden Gesichtsausdruck erkannt haben. Mir war aber auch zumute, wie wenn ich stundenlang und heftig gegen eine verschlossene Tür angerannt wäre. Sie bedeutete mir, doch aufzuschreiben, wo es uns fehle.

Die rettende Idee hatte meine Frau. Sie holte aus den Tiefen ihrer Handtasche eine in weiser Voraussicht herausgerissene Seite des Reiseprospektes heraus, auf dem das gebuchte Feriendomizil abgebildet war.

»Ecco«, rief die Patronin freudestrahlend.

»Worom et glei«, brummte ich, wie ich zugeben muss, doch in etwas ungerechtfertigter Weise.

Die Chefin des Hauses verschwand in der Küche und kam mit einem halbwüchsigen, etwas öligen Mädchen zurück, das sie uns dann stolz präsentierte: »Filia«, meinte sie und »Antonia«.

»Buenos dias«, kramte ich dummerweise meine letzten Spanienkenntnisse hervor.

»Des hoißd doch »nodde«, s isch doch scho Nachd, wurde ich korrigiert.

»Sag doch oifach hallo«, kam der Rat von der Tochter, was wahrscheinlich das Beste gewesen wäre.

An der Mimik und Gestik der hilfsbereiten Wirtin erkannten wir, dass uns Antonia anscheinend den Weg zeigen wollte. Wir nahmen dankbar an, bezahlten und trotteten Antonia nach wie folgsame Hündchen dem gestrengen Herrchen. Wir gingen zum Wagen. Antonia verschwand in einer Hofeinfahrt und gleich darauf mit den letzten Resten eines Fahrrades wieder zu erscheinen. Die komplette Lichtanlage war anscheinend abhanden gekommen, dafür fehlten die Schutzbleche und der Gepäckständer. Aber das war ja Antonias Problem. Sie lotste uns jedenfalls gekonnt durch das spätabendliche Gewühl. Wir selbst hatten jegliche Orientierung verloren und stellten lediglich fest, dass das Häuschen nicht am Strand, sondern genau in entgegengesetzter Richtung liegen musste.

Ein paar enge Sträßchen noch und Antonia hielt vor einem kleinen Häuschen und bedeutete uns mit Händen und Füßen, dass das nun das Ziel unserer lang gehegten Träume sei. »Mille gracie«, bedankte ich mich mit einem freundlichen aber sehr müden Lächeln.

»Oh, i han bodagnuag.«

»Ja hoffendlich ischs des au, do brennd jo no Lichd«, bemerkte sehr richtig meine Frau.

»Des däd mr grad no fehla. Mi brengsch heud do hanna nemme weg.«

»Jetzd komm, guck doch amol, i drau me et nai!«

»Sonsch bisch doch au et so vrschrogga.«

»Jetzd gang scho!«

Ich ging die kleine Auffahrt hinauf und wurde dort von einem lauten Hundegebell und einer ziemlich korpulenten, putzeimerbewaffneten, typischen italienischen Mama begrüßt. Sie nannte fragend meinen Namen, ich nickte und war unendlich erleichtert, dass doch alles seine Richtigkeit hatte.

Nachdem sie nun den Hund mittels eines nassen Putzlappens zur Ruhe gebracht hatte, schwabbte eine solche Worttirade über mich herein, dass ich glaubte, einen Bluterguß in die Ohren zu bekommen. Sie stellte sich als Signora Leda vor, dass ihr das Häuschen gehöre, die letzten Gäste erst kurz zuvor abgereist seien, sie noch saubermachen müsse, wir uns noch ein halbes Stündchen gedulden sollten und, und, und. Ganz betäubt stapfte ich zu meiner Familie zurück.

»Was isch jetzd?«

»Semmer richtig?«

»Isch des des Häusle?«

»Wer war drenna?«

»Worom kommsch so lang et?«

»Hot do an Hond belld?«

»Ischs schee?«

»Isch au sauber?«

»Hend dia au an Fernseher?«

»A Ruah jetzd!!«

Krampfhaft umklammerte ich das Lenkrad, um keinen größeren Schaden anzurichten. Es hat dann doch noch geklappt mit dem Häuschen.

Unsere Signora hatte alles liebevoll hergerichtet, mit uns noch einen Gang durch das Häuschen gemacht, wort- und gestenreich alles erklärt und beschrieben, die sich wehrenden Kinder umarmt und gesagt, dass sie morgen früh noch einmal hereinschauen wolle.

»So, ond jetzd gangad mr älle ens Bad, dend ons richda ond gangad ganz schnell ens Bett. S isch nemlich scho schbäd«, meinte irrtümlicherweise meine Frau.

»Mi kaufd heud koiner me,« sagte ich, legte mich aufs Bett und war weg. Ich hörte und sah nichts um mich herum, war mir aber sicher, dass ich am nächsten Tag erfahren würde, wie der Tag vollends zu Ende gegangen war.

So war es dann auch.

»Sag amol, wia mr bloß so schlofa ka. Hosch denn nex mai ghörd?«

»Noi.«

»Dr Jong hot et ens Bett wella. Er will wieder hoim, hot er gsaid. Er häb onder saim Bedd a Schbenn gseah. Ens Bad isch au koiner mai, nochdem se die do uff am Neschd gseah hennd.

D Signora isch au nomal komma ond hot ihran Hond gsuachd. Auspackd hann e au no, ond de vrdruggd Wäsch en Schrank ghengd ...«

»Ond jetzd hosch au no ganz alloi s Frühschdügg macha miaßa.«

»Do soichd d Katz lengs. Mit was denn?«

»Ja, hosch du nex mitgnomma?«

»Nex mitgnomma, ha so a saudomms Leddagschwätz. Du woisch doch was mr mitgnomma hennd, du hosch doch selber ällas ens Audo naido. Kosch du mir vielleichd saga, wo mr do no het äbbas onderbrenga sodda? Em Handschuahfach vielleichd?«

Ich musste ihr recht geben. Unser Auto war so beladen, dass ein zusätzlicher Transport von Nahrungsmitteln ausgeschlossen war.

»Was denn mr jetzd«? stellte ich die Frage.

»Aikaufa, was sonsch«, kam die prompte Antwort.

»Wo?«

»Guggsch hald. I be s erschd Mol do.«

»I au.«

»Komm, schreib auf: Kaffee, Buddr, Gsälz, Bredla, Safd, Oier. Fälld dir no was ai?«

»Schlecksach!« kam die Antwort von den Kindern.

»Nex da, da gangad Zäh he.«

»Aber mir griagad doch bald neie. Na denn mr nemme schlegga.«

Also um Ausreden war unser Jungvolk noch nie verlegen und so schrieb ich dann doch noch Schlecksach auf. Es waren ja schließlich auch Ferien.

Ich ging los und hatte schon nach wenigen hundert Metern Glück. Ein italienischer Tante-Emma-Laden lag vorne am Eck unserer Straße und bot so ziemlich alles, was man sich denken kann. Entsprechend roch es auch. Ich trat ein und wurde zunächst gar nicht wahrgenommen. Vier füllige Damen mittleren Alters waren so in ein Gespräch vertieft, dass ich erst bemerkt wurde, als ich zahlen wollte. Meine Sachen hatte ich inzwischen selbst geholt und auf den Verkaufstresen gelegt. Bevor ich jedoch zum Zahlen kam, nahmen mich die vier Signoras in die Mangel. Was die alles wissen wollten. Ich war froh, dass ich nur wenig verstand, sonst hätte ich wohl die ganze Familiensaga ausbreiten müssen. In einer Sprechpause legte ich ein paar Euroscheine auf den Tisch um meinem Zahlungsbegehren Nachdruck zu verleihen und tatsächlich gelang es mir nach einigen erfolglosen Rückzugsgefechten, die Ladentür zu erwischen. Mit ein paar freundlichen ciao, ciao, verabschiedete ich mich von den überaus anteilnehmenden Damen und eilte nach Hause, wo die hungrige Familie schon wartete.

»Hosch des Sach en Rom ghold?«

»Ja, worom?«

»Wia gohd denn der Herd a?«

»Do muasch zerschd des Vendil an dr Gasflasch uffmacha.«

»Komm, mach du s. I drau me et. Nochher exblodierds no.«

»Ach so, wenn i en d Lufd gang, isch des et so schlemm.«

»Schwätz doch koin Babb.«

So wurde gemeinsam das Frühstück bereitet. Es war ja eigentlich mehr ein Spätstück, denn die Uhr zeigte bereits halb zwölf.

»Mir hend doch ganz bald ans Meer wella «, murrte der Nachwuchs.

»Des laufd et drvo. Zerschd wird uffgraimd. Des isch et wia drhoim«, meinte meine Frau.

»Emmer uffraima. Et amol en de Feria hot mr sai Ruah«, erwiderte unser kleiner Patrick.

»Du hosch doch s ganz Johr Feria ond außerdem hoschs no scheener wia a Metzgershond.«

»Worom?«

»Du brauchsch et amol ama Kälble en Arsch naibeißa.«

Damit war das Thema »aufräumen« beendet und so gegen halb vier sah man vier hellhäutige Schwaben in die Richtung laufen, in der sie das Meer vermuteten. Nach einer halben Stunde wurden sie dann auch fündig. Man stand vor einer Bretterwand mit der Aufschrift »MARE«, ging an derselben entlang und erreichte schließlich einen schmalen Durchlaß an der eine Kasse stand.

»Des isch ja wia drhoim em Freibad.«

»Aber s gangad wesendlich meh nai.«

»Dui Angschd han e au.«

Und diese Angst sollte sich als durchaus berechtigt herausstellen.

Zunächst einmal marschierten wir durch mehrere Gassen, die von den buntgestrichenen Umkleidekabinen gebildet wurden. Was heißt eigentlich marschierten – wir rannten, denn wir hatten schon an der Kasse dummerweise die Schuhe ausgezogen, um so bald wie möglich dieses herrliche Gefühl des feinen Sandes zwischen den Zehen zu bekommen, das einfach zu einem Urlaub am Meer gehört. Was wir nicht bedacht hatten, war die enorme Temperatur die der Sand im Verlaufe eines heißen Sommertages annimmt. So rannten wir also wie von der Tarantel gestochen von einem Schattenplätzchen zum anderen, bis wir den Liegestuhl- und Sonnenschirmteil des Strandes erreichten.

Nun hörten wir sogar schon das Meer, das irgendwo hinter den Liegestuhlwällen sein musste.

»Anja! Sau!!«, rief der Kleine und rannte zum Meer hin, die Große hinterdrein. Einige öltriefenden Liegestuhlbesitzer hoben ihre matten Häupter ob dieses Ausrufs: »Schwoba«, war die Reaktion, in die man viel hineininterpretieren konnte. Inzwischen waren auch meine Frau und ich am Meer angekommen, nach dem Spießrutenlaufen durch die Liegestuhlreihen.

»I komm mr scho bleed vor mit maim weißa Ranza onder alle dene braune Leid«, sagte ich.

»Des woisch au et, ob des ällas echd isch«, tröstete mich meine Frau, »liabr weiß ond saubr schdadd braun ond dreckig.«

Der Strand war vollkommen überfüllt und wir hatten Mühe, zwei Quadratmeter unbenutzte Fläche für unsere Reiseplaids zu finden. Die Liegestühle waren alle belegt und somit die dazugehörenden Sonnenschirme auch. Wir waren hilflos der stechenden Sonne ausgeliefert, die sich sofort unserer hellen Körper annahm und sie zunächst in zartes Rosa tauchte.

Wir suchten Schutz im Wasser. Neben dem Schutz fanden wir längliche, flauschige Papierstreifen, die uns sehr stark an ein Utensil aus der Toilette erinnerten, zumal diese auch in regelmäßigen Abständen perforiert waren. Wir fanden Kronenkorkverschlüsse, die meist mit den Zacken nach oben auf ihre Opfer warteten, Bier-Flaschen, Coladosen und dunkle Teerklumpen, in die wir mit traumwandlerischer Sicherheit hineintraten. Das Wasser selber hatte die gleiche Farbe wie das Fußbad zu Hause im Freibad vor dem Kinderplanschbecken. Der einzige Unterschied war der Salzgeschmack. Doch die Kinder waren selig. Nach geraumer Zeit entstiegen wir wieder den trüben Fluten und hatten sofort das Bedürfnis uns zu waschen, wenigstens wir Erwachsenen. Wieder rannten wir auf dem heißen Sand durch die Liegestuhlreihen.

»Jetzd kommad dia scho wieder«, hörten wir im breitesten Schwäbisch hinter uns hermurren.

Das störte uns wenig, denn wir wollten nur so schnell wie möglich unter die Dusche. Wir wurden auch bald fündig. Ich stellte mich darunter und drehte auf. Ich hätte eine andere Reihenfolge wählen sollen, denn mich traf ein kochend heißer Wasserstrahl.

»Ha so a Glomb, so a vrreckts, do kommsch dr jo vor wia a Sau beim Abbrüha!«

»Des hosch du gsaid«, frohlockte meine Ehehälfte und stellte sich darunter«, also i fend s rechd ognehm, mr muaß bloß warda kenna.«

Nach der Reinigung gings wieder im Eiltempo die langen, nicht enden wollenden Liegestuhlreihen hinunter. Süffisantes Lächeln begleitete uns von beiden Seiten.

»Dene kennd e doch alle glei en ...«

»Bschd, des hörd mr doch.«

Am Wasser angekommen, rannten unsere panierten Kinder auf uns zu und umarmten uns, denn sie hatten uns schon schmerzlich vermisst. Das Duschen und Spießrutenlaufen hätten wir uns sparen können.

Gemeinsam hielten wir nach unserer Liegestatt Ausschau. Nach längerem Suchen fanden wir sie auch – als Begrenzungspunkt eines provisorisch errichteten Volleyballfeldes.

Wir versuchten mit Händen und Füßen und einem Gemisch aus Spanisch, Italienisch, Englisch und Französisch den beiden Mannschaften klar zu machen, dass wir gerne unsere Decken wieder hätten um darauf auszuruhen. Erfolglos. Die beiden Mannschaften spielten ungerührt weiter und legten unsere Mimik und Gestik wahrscheinlich als Zeichen reger Anteilnahme aus. Kurz entschlossen schnappte ich dann einfach meine Decken und zog ab.

Nicht sehr freundlich rief mir ein Mannschaftsteil hinterdrein:

»Des kennad bloß Deutsche sai, de Idaliener däd so äbbas et bassiera.«

Ich erwiderte nichts und versuchte den Eindruck eines Nichtdeutschen zu hinterlassen, was aber letztendlich daran scheiterte, dass ich die neueste Ausgabe einer hinlänglich bekannten Sonntagszeitung in den öligen und sandigen Fingern hielt. Endlich lagen wir traut vereint im Familienkreise auf unserem »Debbich«. Wir hatten uns auch in der Zwischenzeit an den unglaublich hohen Geräuschpegel des lebhaften Strandtreibens gewöhnt, wir hatten uns auch daran gwöhnt, dass drachensteigenlassende Kinder mitten durch unser Familienidyll hindurchrannten als gäbe es uns überhaupt nicht.

Einer jedoch übertönte noch dieses Tohuwabohu. Er kam mit einem Bauchladen den Strand herauf und rief andauernd: »Coco bello! Coco bello!!«

»Was will denn der?« fragte meine Frau.

»Der suachd wahrscheinlich sain Hond«, antwortete ich auf dem Bauch liegend.

»Zo was brauchd er na an Bauchlada?« fragte Patrick.

»Gang hald amol nomm ond guck«, riet meine Frau.

Der Kleine rannte los und kam auch gleich wieder zurück:

»Du, der vrkaufd laudr Kokosschdüggla. Griag i au ois?«

Bevor ich Antwort geben konnte, beugte meine Frau vor:

»Woisch send ja Feria ond dia Kendr ...«

»Ja, ja, ja.«

Mit zwei Euro-Münzen bewaffret rannte er wieder los.

»Breng daira Schweschdr au ois mit«, wurde er noch ermahnt.

Es dauerte ein Weilchen, bis er wieder zurückkam und mit vollem Munde seiner Schwester etwas übergab, das eher einem panierten Hühnerschlegel ähnelte als einer Kokosnuss: »Dais isch mr laider naghageld.«

So verrannen die Stunden. Der Strand leerte sich allmählich und vier rosarote Schwaben traten gemächlich den Heimweg an, denn der Sand hatte sich auf eine begehbare Temperatur abgekühlt. Es wurde noch ein sehr gemütlicher Abend auf unserer Terasse bei Kerzenlicht, Chianti classico, Zikadenmusik und Schnaken. Wir rieben uns mit einem Schnakenmittel ein, doch die Emulsion aus Sonnencreme und Schnakensalbe schien diese lästigen Blutsauger eher anzulocken als abzuhalten. Einigermaßen immun wurden wir erst, als wir genug von dem herrlichen Vino rosso intus hatten. Die Nacht jedoch wurde zur Tortur. Die Haut schien ein paar Nummern zu klein geworden zu sein, und jede noch so vorsichtige Bewegung trieb einem Schweißperlen auf die Stirn. Ich glaube, dass ich dieses Gefühl nicht näher beschreiben muss. Wahrscheinlich hat jeder schon einmal die bittere Erfahrung mit einem Sonnenbrand gemacht.

Die nächsten Tage wurden zu Hause verbracht. Gepudert und gesalbt saßen wir im kühlen Wohnzimmer oder im Schatten der Bäume, die unser Haus umgaben.

Um nicht nur am Strand herumzuliegen und den Sonnenbrand zu pflegen, machte ich nach ein paar Tagen den Vorschlag, doch einmal in die nahen Steinbrüche von Carrara zu fahren, wo ja der weltberühmte weiße Marmor gebrochen wird. Der Vorschlag wurde mit mehr oder weniger Begeisterung aufgenommen.

»Machad doch koi so a Gsichd no. Am Schdrand kennad mr no lang gnuag romschdragga. S Meer laufd euch et drvo. Außerdem will dr Babba au amol ebbas anders höra und seah. Jetzd demmer amol, was er will. Morga send ihr wieder dro. Schluss jetzd! Ond hergad et so a Flätsch ra.«

Nach dem Machtwort meiner Frau ging es los. Und es war auch wirklich interessant. Sogar für die Kinder. Auf einem schmalen Staubsträßchen ging es hoch und in die Berge von Carrara hinein. Große Spezialfahrzeuge brachten riesige Marmorblöcke heran und überdimensionale Stahlsägen sägten diese Monster auf ein entsprechendes Maß zurecht. Zur Kühlung des Sägeblattes wurde reichlich Wasser gebraucht, welches aus dem Sägeschlitz heraus am Steinblock herablief. Das veranlasste unsere Anja zu dem Ausspruch: »Babba, gell, aber saftig isch der Marmor scho.«

Die Urlaubstage verflogen, und das Ende der Ferien kam immer näher. Den Höhepunkt hatte ich bis zum Schluss geheim gehalten. An einem der letzten Urlaubstage eröffnete ich der Familie folgendes: »Kendr, morga fahrad mr uff Elba na.«

»Was isch des«? wollte der Nachwuchs wissen.

»Des isch a Insel em Middlmeer.«

»Aber i ka doch no et schwemma«, sagte besorgt der Kleine.

»Des wär au z weid. Do fahrad mr mit ama großa Schiff nomm.«

»Au, ja.«

Alles war begeistert. Ich auch. Nur meine Frau fragte noch etwas besorgt:

»Moinsch, des wird et zviel für d Kendr? Dui Fahrerei en derra Hitz ond des isch doch weit?«

»A, wa.« Ich holte die Karte, zeigte den Weg und beruhigte: »Dia Stroßa send doch bis do na guad ausbaud. Mir fahrad am Meer endlang na, do isch emmer a bissle frisch und no hemmer au koine Laschdwäga, wahrscheinlich. Do siehsch en zwoi Schdond viel. Do langds, wenn mr am Zehne wegfahrad. No semmer am Zwelfe en Piombino ond am Ois uff Elba. No wirds grad reachd zom Middagessa ond no kennad mr no en aller Ruah d Insel agugga.«

Alles war nun beruhigt. Ich fuhr noch zum Tanken, ließ Öl und Luft überprüfen und erwartungsfroh gingen wir zu Bett und schliefen der großen Fahrt entgegen.

Es schien ein herrlicher Tag zu werden. Strahlend blauer Himmel begleitete uns auf der gut ausgebauten Straße bis Pisa. Aber dann. Lastwagen an Lastwagen. Enge kurvige Straßen, die Überholmanöver nur für Selbstmordkandidaten zuließen. Sengende Hitze auf dem aufgeweichten Asphalt und eine dieselgeschwängerte Luft zum Schneiden. Alles was Räder hatte, schien uns nach Elba begleiten zu wollen.

»Machad s Fenschdr uff, mir isch hoiß.«

»Machad s Fenschdr zua, do schdengds.«

»Ka mrs Fenschdr et wenigschdens en Schbald uffmacha?«

»Mach den Schbald zua, do ziagds, ond vrstanda duad mr koi Word.«

Völlig geschafft kamen wir in dem absolut hässlichen Industriehafen von Piombino an. Den Kindern war übel, meine Frau und ich waren völlig aufgeweicht und alles andere als in einer fröhlichen Ferienstimmung. Das Auto stand in brütender Hitze auf dem ölverschmierten Parkplatz vor einer großen Lagerhalle und ich suchte nach dem Kai, von dem aus das nächste Schiff nach Elba fuhr.

»Signore, Elba?«

Ein alter Fischer, der gerade eine Zigarette drehte, deutete wortlos mit dem Zeigefinger hinaus auf das Meer. »Des woiß i au, Bachl, italienischer.«

Aber ich wurde doch noch fündig. Zwei Stunden später als geplant traten wir die Reise nach Elba an. Auf der Überfahrt konnten wir uns etwas regenerieren. Die von der Hitze hochroten Köpfchen unserer Kinder kühlten ab und eine leicht grünliche Farbe um die Nase kam zum Vorschein.

»Ons isch schlechd.«

»Häddad ihr eier Fanda et so schnell nagleerd. I hans jo glei gsagd.«

»Du kosch doch jetzd dene arme Kendr koin Vorwurf macha, dia hend hald Durschd ghed.«

»I will hoim.«

»Na schwemmsch.«

Gottseidank kam Elba rasch näher und wir legten im malerischen Hafen von Porto Azzurro an.

»Do isch aber schee. Jetzd hots sich doch glohnd, dass mr hergfahra send. Guck amol, do homma, do schwemmad se sogar em Hafabegga, so sauber isch do s Wasser. Do därfad dr nochher au a bissle romblanscha. Aber zerschd gangad mr zom Essa. Guggad, do homma isch a schees Wirdschäfdle, do kennad mr sogar drussa essa.«

Wir stolperten die Gangway hinunter. Am Ende derselben verabschiedete sich der Kapitän. Irgendwie machte mich das stutzig und ich fragte instinktiv, wann das letzte Schiff zurück zum Festland fahre. Er zeigte auf seine Armbanduhr und sprach in gebrochenem Deutsch:

»Zwei und einhalb.«

Ich wollte das nicht glauben und fragte noch einmal nach, denn es war ja schon 14 Uhr. Doch das Ergebnis war dasselbe. Eine halbe Stunde Zeit für Elba. Das durfte ja nicht wahr sein. Wenn das kein Schwabenstreich war. Die ganzen Strapazen für eine halbe Stunde Elba.

»Des derf doch et wohr sai!«, rannte ich meiner Familie nach, die bereits dem Lokal zustrebte. »Ha, des gibds doch oifach et. Ha, i glaub i schbenn!«

»Ja sag amol, was isch denn?«

»Babba, was isch? Isch dirs jetzd au schlechd?«

»Des kosch saga!«

»Komm, Mo, beruhig de, sag scho was bassierd isch.«

»Rod amol.«

»Hosch wieder dr Geldbeudl liega lassa?«

»Was hoißd do wieder? Noi.«

»Sag jetzd endlich was los isch.«

»En ra halba Schdond fahrd s ledschde Schiff zrück noch Piombino.«

»Des derf doch et wohr sai.«

»Des han i au gsagd. Aber s isch so.«

»No hemmer hald Pech ghed.«

Diese gelassene Reaktion meiner Frau tat gut. Sie hätte mir ja auch berechtigterweise die bittersten Vorwürfe ob meines Organisationstalentes machen können.

»Komm, jetzd mach koi so a Gsichd no. Für an Deller Schbageddi langds grad no ond uff Elba send mr au gwea. S muaß jo drhoim koiner erfahra wia lang.«

Auch unsere Kinder nahmen die Nachricht relativ gelassen auf.

»Mir hots heid eh et gfalla«, meinte Anja.

»Ond i will hoim ond mit dr Signora ihram Hondle schbiela«, fügte Patrick ergänzend hinzu.

Fluchtartig verließen wir nach der Schiffsrückreise den unwirtlichen Hafenort. Wir vermieden es natürlich, die stark befahrene Küstenstraße zu nehmen, sondern fuhren über Land durch die liebliche Toskana mit ihren weiten, hügeligen Gruppen stolzer Zypressen und einsamer Gehöfte.

»Des isch jo bald wia drhoim uff dr Alb«, schwärmte meine Angetraute.

»No häddad mr jo au drhoim bleiba kenna«, meckerte Patrick.

»Ja, hot drs denn bis jetzd em Urlaub et gfalla?«, fragte sie besorgt in Richtung Rücksitz.

»Am Meer scho, aber do et.«

»Mir send jo bald wieder en Forde. No a Schdendle, no hemmers.«

Doch auch dieses »Schdendle« sollte sich als Irrtum erweisen.

»Du guck amol. Do kosch ja zuagugga, wia dui Nodel von dr Benzinozaig rasaud. Do schdemmd doch ebbas et. Vor fenf Minuda war dr Tank no halb voll.«

Tatsächlich bewegte sich zusehends die Anzeigennadel dem Reservezeichen zu.

»Hald amol a ond guck was los isch.«

Sie hatte recht. Ich fuhr rechts in einen Feldweg hinein und hielt an.

»Mach dai Zigarr aus, bevor d Haub lubfsch.«

Ich tat ihr den Gefallen und das war gut so. Ich öffnete die Motorhaube und sah die Bescherung. Eigentlich bemerkte ich nur, dass alles nass war und nach Benzin roch, denn von den Innereien eines Autos hatte ich soviel Ahnung wie eine Straßenwalze vom Liebesleben der Ameisen.

Kein Dorf und keine helfende Hand war in der Nähe zu sehen. Man konnte nur hoffen, dass sich hinter einem der nahen Hügel ein Ort versteckte, in dem man Hilfe erwarten konnte. Ich schüttete den vollen Reservekanister in den Stutzen und dann fuhren wir im Schritt-Tempo weiter.

»Hoffendlich brennd dr Karra et a«, sorgte sich meine Frau. Die Kinder standen anscheinend auch

Ängste aus, denn im Fond des Wagens wurde es ungewöhnlich still. Ich musste zugeben, dass es auch für mich schon Situationen gegeben hatte, die mir wesentlich angenehmer in Erinnerung waren.

Wir hatten Glück im Unglück.

»Wenigschdens oin Lichdblick heid. I han scho glaubd, mir miaßdad en freier Nadur übernachda ond wer woiß, wer ons do hädd ällas überfalla kenna«, atmete sie auf.

»Wenn dia gseah häddad, was mir für Reichtümer hend, no wärad dia mit vrheilde Auga drvo gloffa«, meinte ich.

Wir rollten, ausgekuppelt, um Benzin zu sparen, in einen kleinen, scheinbar ausgestorbenen Ort mitten in der Toskana hinein. Vor einer Schmiede hielten wir an. Einige ausgemusterte, von Rost halb zerfressene Landmaschinen standen herum. Das war zunächst der einzige Hinweis darauf, dass hier die Zeit des Holzpfluges auch vorrüber war. »Du glaubsch wirklich, dass mr ons en dem goddvrlassana Neschd helfa ka?«

»Abwarda«, sagte ich und lief um das Gemäuer herum.

Freudig wedelnd begrüßte mich hinter dem Haus ein etwas verwahrloster Hund.

»Wo isch denn dai Herrle?«, fragte ich ihn. Er geleitete mich in den Gemüsegarten, wo eine etwas skeptisch dreinblickende Oma gerade dabei war, mit einem kleinen Hämmerchen Mandeln aufzuschlagen.

»I han doch noch daim Herrle gfrogd ond net noch dr Oma. Ach so, du kosch jo et deidsch.« Ich klopfte meinem Begleiter trotzdem lobend auf den Rücken.

Ich ging auf die Oma zu und tat zunächst so, als interessiere ich mich für ihre Arbeit. Sie beherrschte die deutsche Sprache genauso gut wie ich die italienische. Also gar nicht, aber wir unterhielten uns, nachdem wir Zutrauen zueinander gefasst hatten, blendend. Sie zeigte mir die Bestände ihres kleinen Reiches hinter dem Haus. Ich stellte Vergleiche mit dem eigenen Gemüsegarten an, wobei der meine dabei äußerst schlecht wegkam.

»Babba, d Mamma lässd froga, ob du Grommbiera kaufa willsch oder s Audo macha lau«, ließ sich mitten in unsere gestenreiche Unterhaltung hinein Anjas durchdringendes Stimmchen vernehmen. Ich hatte tatsächlich für einige Momente das eigentliche Problem vergessen. Der Nebenerwerbslandwirt in mir hatte für kurze Zeit die Oberhand gewonnen.

»Jo, i komm glei«, rief ich zurück und bedeute-
te meiner neuen, nicht mehr ganz taufrischen Be-
kanntschaft, doch mit mir zu kommen. Sie ging
dann weniger meinetwegen mit als aus Neugierde,
nachdem auch sie meiner »filia« ansichtig wurde.
Der Hund begleitete uns schweifwedelnd, an-
scheinend froh darüber, dass endlich etwas Ab-
wechslung in seinen grauen Hundealltag gekom-
men war.

Ein Leuchten ging über das Gesicht der Oma,
als sie die Restfamilie zu Gesicht bekam. Vor allem
die Kinder hatten es ihr angetan und es brauchte
schon einige Zeit, bis ich ihre Aufmerksamkeit auf
unser defektes Auto lenken konnte. Sie deutete
dann mit dem knorrigen Zeigefinger auf die Häu-
ser der linken Straßenseite und zählte dabei:
»Uno, duo, tre, quattro. Capito, eh?«

Ich nickte, obwohl ich eigentlich gar nichts ver-
standen hatte.

»Gell, Babba, s isch oifach guad, wenn mr aus-
ländisch ka«, meinte Anja.

»Des hoißd doch auswärds«, verbesserte sie
Patrick.

»A Fremdschbroch«, setzte meine Frau dem
aufkeimenden Disput ein Ende. In der Zwischen-
zeit war ich vor dem vierten Haus angekommen

und blickte mich noch einmal vergewissernd nach Oma um.

»Si, si, si«, rief sie und »Georgio!«

Ich öffnete schüchtern die grob gezimmerte Holztür des Steinhauses, nachdem ich zuvor schon ein paar Mal erfolglos angeklopft hatte. »Georgio!« rief ich in das Dunkel hinein. Eine Worttirade war die Antwort, von der ich nicht wusste, ob sie als freundlich oder unfreundlich einzustufen war.

Vorsichtshalber ging ich einen Schritt zurück, und die Türe fiel wieder ins Schloss, um gleich darauf wieder aufgerissen zu werden. Ein außerordentlich grimmiges und wahrscheinlich zu einer neuen noch wortgewaltigeren Tirade ansetzen wollendes Gesicht erschien. Das ungepflegte Äußere des dazugehörenden Herrn mittleren Alters passte zum Erscheinungsbild des ganzen Hauses. Schlagartig aber änderte sich sein Verhalten als er mich sah. Offensichtlich hatte er jemanden anderen befürchtet. Mit ausgesuchter Höflichkeit sprach er mich an: »Du kommen aus Deutschland?«

»Yes – ah – oui – ah – si«, so verwettert war ich, dass ich nicht einmal das einfache deutsche Wörtlein »ja« herausbrachte.

»Ich gut kennen Deutschland. Ich arbeiten fünf Jahre in Wolfsburg. Aber jetzt, du verstehen, Bambini in italienische Schule gehen. Besser hier in Heimat. Vielleicht später ich wieder zurück nach Deutschland. Hier wenig Geld und wenig Arbeit.«

Dann entdeckte er meine Leutchen, die mit der italienischen Oma und dem Hund beim Auto standen.

»Auto kaputt?«, vermutete er richtig. Langsam gingen wir auf den Wagen zu, während er ununterbrochen in seinem Deutschitalienisch auf mich einredete und sein gesamtes fünfjähriges Deutschlandgastspiel abspulte.

Am Auto angekommen öffnete er die Kühlerhaube und verschwand mit seinem Oberkörper im Motorraum.

Doch nur für kurze Zeit. Er war schnell fündig geworden und hielt mir freudestrahlend ein Stückchen porösen Gummischlauchs unter die Nase. »Kaputt, aber nix schlimm. Ich holen neuen.«

Er verschwand hinter einem großen Scheunentor und kam nach kurzer Zeit zurück, in der Hand ein Messer und ein Stückchen Schlauch. Fachgerecht passte er alles ein und befestigte den Schlauch am Schluss mit einer Klemme, die er aus den Tiefen seines Overalls herauskramte. Nachdem nun unser Wagen wieder startklar war, wollte ich bezahlen, doch das wurde mit einer solchen Bestimmtheit abgelehnt, dass mir gar nichts anderes übrigblieb, als meine Euroscheine wieder zu verstauen.

Statt dessen winkte uns die Oma zum Haus. Sie hatte in der Zwischenzeit unbemerkt einen Krug Wein, herrlich knuspriges Weißbrot und einen köstlichen Käse auf den blank gescheuerten Holztisch hinten im Garten hergerichtet und dazu noch eine große Schale mit Trauben und Pfirsichen für die Kinder.

Bis zum Anbruch der Dunkelheit saßen wir dort und hörten kopfnickend den wortgewaltigen Ausführungen unserer so unwahrscheinlich freundlichen Gastgeber zu.

»I will hoim«, wurde der Kleine so langsam ungeduldig und rieb sich in den Augen. Wir waren ja auch weiß Gott schon lange genug unterwegs, um müde sein zu dürfen. Das sahen letztendlich auch unsere neuen Freunde ein, die uns dann auch ziehen ließen, nachdem unser Töchterchen, die sich mit dem Hund angefreundet hatte, in der Hundehütte eingeschlafen war. Wir hatten alle Mühe, sie da herauszuholen, weil der

Hund sie als beschützenswertes Eigentum betrachtete. Mit großem Palaver, heftigem Händeschütteln und vielen guten Wünschen wurden wir verabschiedet und taschentuchwinkend bis zum Ortsende begleitet.

»Kosch du aigendlich no fahra? Du hosch jo ganz sche picheld.«

»Noi, i dua bloß so.«

Das war der letzte Wortwechsel vor der Ankunft in Forte, so müde und geschafft waren wir. Das war vielleicht ein Tag und das alles wegen einer halben Stunde Elba.

Die letzten verbleibenden Tage unseres Urlaubes verliefen wesentlich ruhiger. Man schöpfte Kraft für die Rückfahrt, suchte so langsam aber sicher das gesamte Gelände um das Haus nach Spielsachen ab und stellte beim Packen fest, dass es mehr geworden war, als man vor vierzehn Tagen mitgebracht hatte.

»Sag amol, wieso isch denn die Dasch mit de Schbielsacha so saumäßig schwer, obwohl se erschd halba voll isch?«, fragte meine Frau die Kinder. Sie gaben keine Antwort. Die Tasche wurde umgekippt und heraus fielen eine Gesteinssammlung aus Carrara und eine Muschelsammlung aus Forte.

»I han gsagd, a baar derfad r mitnemma, aber mit dem Haufa Schdoi kosch jo a Baugschäfd uffmacha ond mit dem Deifl voll Muschla kosch de ganze Gardawegla aifassa.«

Längere Verhandlungen fanden statt. Es wurde um jedes Steinchen und um jede Muschel gefeilscht. Es ging zu wie im Bazar von Tanger. Endlich war wieder alles verstaut, die Heimreise konnte beginnen. Je näher wir der Heimat entgegenkamen, desto schneller wurde unser Auto. Man stieg zu Hause aus mit dem erleichterten Seufzer, der eigentlich nach jedem Urlaub über unsere Lippen kommt:

»Bei ons drhoim isch fai scho au schee.«

Feriazeid

Ischaff grad em Garda. Rechts neba mir schaffd
dr Ganzlosers Fritz ond lenks neaba mir
schaffd dr Schraga Hannes. Boide send so om de
siebzga rom. Se seahad me grad et, weil e zwischa
de Dräubla hock ond dia en dia allmachds Email-
schüssel, dia mir mai Weib mitgebba hot, nai-
brock. So ka i obemerkd zuahöra, wia dia zwoi
über main Garda nomm ananander vorbeischwät-
zad. S gohd om dr Urlaub.

Fritz: »Send ihr no do?«

Hans: »Ha?!«

Fritz: »Send ihr no do?«

Hans: »Ha?!«

Fritz: »Ob ihr no do send?«

Hans: »Ha?!«

Fritz: »Send ihr no net furd?«

Hans: »Noi.«

Fritz: »Worom?«

Hans: »Weil mr no do send!«

Fritz: »Fahrad ihr et furd?«

Hans: »Noi.«

Fritz: »Worom?«

Hans: »Weil mr do bleibad.«

Fritz: »No wensch i euch a guada Reis ond kommad au gsond wieder hoim.«

Pech

Wia war s denn uff eurer Pilgerfahrt noch Fatima?«

»Scheiße.«

»Worom?«

»Bis Biberach isch guad ganga.«

»Ond na?«

»Na isch dr Keilreama von dr Vadderonser-maschee gfazd, na hemmer von Hand bedda miaßa.«

Schwäbische Mundart von Bernd Merkle
aus dem Silberburg-Verlag
in Ihrer Buchhandlung:

Mr sodds et glauba
Heitere schwäbische Kurzgeschichten und Gedichte.
Illustriert von Helga Merkle.
144 Seiten, fester Einband, ISBN 3-87407-519-2

Schwäbische Gedichte
gesungen von Karl Glastetter.
Lieder nach Texten von Bernd Merkle, Sebastian Blau
und Winfried Wagner.
CD in Jewelbox, ISBN 3-87407-442-0

Silberburg·Verlag

Schwäbische Mundart
aus dem Silberburg-Verlag
in Ihrer Buchhandlung:

Helmut Pfisterer: Scho emmer
Weltsprache Schwäbisch.
96 Seiten, ISBN 3-87407-537-0

Marlies Grötzinger: Die sieba Schwoba
endlich auf Schwäbisch.
80 Seiten, fester Einband, ISBN 3-87407-538-9

's menschelet
Schwäbische Geschichten und Gedichte.
Herausgegeben im Auftrag des Vereins
»schwäbische mund.art« von Sigrid Früh.
Mit einem Vorwort von Manfred Rommel.
144 Seiten, fester Einband, ISBN 3-87407-539-7

Petra Zwerenz: A bissle onderwegs
Schwäbische Ein- und Aussichten.
96 Seiten, fester Einband, ISBN 3-87407-518-4

Silberburg·Verlag

Schwäbische Mundart
aus dem Silberburg-Verlag
in Ihrer Buchhandlung:

Helmut Eberhard Pfitzer: Verschtand ond Gfühl
Gedichte, Skizzen, Chansons.
96 Seiten, ISBN 3-87407-520-6

Albin Beck: Ma muss au Ja saga könna
Schwäbische Geschichten zum Lachen und Sinnieren.
120 Seiten, fester Einband, ISBN 3-87407-395-5

Wilhelm Busch: Die fromme Helene auf Schwäbisch
Übertragen von Georg Giering.
160 Seiten, fester Einband, ISBN 3-87407-384-X

Wilhelm Busch: Max und Moritz auf Schwäbisch
A G'schicht von zwei Saubueba,
dia wo sieba Stückla g'liefret hant.
Übertragen von Georg Giering.
120 Seiten, fester Einband, ISBN 3-87407-378-5

Silberburg·Verlag

Schwäbische Mundart
aus dem Silberburg-Verlag
in Ihrer Buchhandlung:

Hildegard Gerster-Schwenkel: Glückwünsch'
Verse für Gratulanten.
80 Seiten, ISBN 3-87407-394-7

Helmut Pfisterer: Festvers
Schwäbisches zu besonderen Anlässen.
160 Seiten, fester Einband, ISBN 3-87407-321-1

Hermann Rehm: Mir Schwoba
Gerehmtes und Ungerehmtes.
120 Seiten, fester Einband, ISBN 3-87407-380-7

Margrit Höfle: Ob's au gnuag Himmel geit?
Gedichte und Geschichten –
schwäbisch und zweisprachig.
120 Seiten, fester Einband, ISBN 3-87407-358-0

Silberburg·Verlag